Henner Kotte

Raubsache Leipzig

und vier weitere Verbrechen

Bild und Heimat

Dank für die Unterstützung bei den Recherchen gilt Christine Enderlein und Thomas Schmidt.

Von Henner Kotte liegen bei Bild und Heimat außerdem vor:

Schüsse im Finsteren Winkel und sechs weitere Verbrechen (Blutiger Osten, 2013)

Um Kopf und Kragen. Unbekannte Fälle aus dem Kuriositätenkabinett der Kriminalstatistik (2014)

Leipzig mit blutiger Hand und fünf weitere Verbrechen (Blutiger Osten, 2015)

Blutige Felsen. Kriminalstories aus der Sächsischen Schweiz (2015)

Blutiges Erz. Kriminalgeschichten aus dem Erzgebirge (2015)

ISBN 978-3-95958-038-0
1. Auflage
© 2016 by BEBUG mbH/Bild und Heimat, Berlin
Umschlaggestaltung: rapa
Umschlagabbildung: Chris Keller/bobsairport
Druck und Bindung: GGP Media GmbH, Pößneck

In Kooperation mit der SUPERillu

www.superillu-shop.de

Inhalt

Fall Beil   **7**

Die frühe Merkel   **55**

Angebot: Mords-Memoiren   **66**

Unheil an der Heiligen Brücke   **124**

Platz für 1.000 Dinge   **160**

Quellen   **174**

Fall Beil

Eine Geschichte der letzten Minute

»Es wird schon an den Tag kommen, wer der Mörder ist. Ein Traum hat mir offenbart, daß der Mörder gar nicht die Absicht gehabt, das vorräthige Geld zu rauben. Er würde sonst den Geldschrank erbrochen haben. Es liegt hier ein anderer Plan vor«, sagte Heinrich Wilhelm Künschner und ertrug geduldig die Vorbereitungen seines Todes. »Zum Beweise, daß er kein verdorbener Mensch sei, führte er an: Er sei öfter in die Kirche und zum Abendmahl gegangen.«

Die Vollstreckung seines Todesurteils »wurde auf den 18. December früh 8 Uhr anberaumt und dies dem Delinquenten eröffnet. Trotz eindringlicher Ermahnung, jetzt endlich ein reuiges Bekenntniß abzulegen, betheuerte er, daß er unschuldig sei, aber den Tod gern leiden wolle. Auf die Frage, ob er von den Seinigen jemand zu sehen wünsche, erwiderte er: er wolle ihnen das Herz nicht schwer machen, und bitte nur, sie zu grüßen. In seinem Benehmen blieb er nach wie vor derselbe. Er aß und trank mit Appetit und schlief ruhig und anhaltend. Seine Bitte, ihm Bier und einige Cigarren zu verabreichen, wurde gewährt.

Am 15. December schrieb er einen Brief an seine Angehörigen, der so lautet: ›Liebe Mutter und Geschwister. Da es mir leid thut, ich Euch nicht erst hier hereinzugehen auffordere, da vorzüglich Ihr, liebe Mutter doch zu alt seid! nehme ich brieflich von Euch Abschied, das Gesetz hat mich zum Todte verurtheilt, aber ich gehe den Weg gerne, mit Gott habe ich mich vereint. Lebe wohl alte gute Mutter, doch den einzigen Wunsch und Bitte, die ich an Euch habe, erkundigt

Euch nach meiner Geliebten und nach meinem Kinde, und grüßt dieselbe noch herzlich von mir, sie, wie auch mein Kind, Dienstag früh 8 Uhr scheide ich aus dieser Welt, darum lebet alle herzlich wohl. Es grüßt Euch Euer Sohn und Bruder Heinrich Wilhelm Künschner. Noch nachträglich liebe Mutter, seid so gut und grüßt noch meine drei Brüder und meine einzige Schwester.‹

Da er etliche Tage später den Wunsch aussprach, seine Mutter und das von seiner Geliebten während seiner Gefangenschaft geborene Kind zu sehen, veranlaßte der Untersuchungsrichter, daß Frau Künschner am Tage vor der Hinrichtung in das Gefängniß kam und das Kind ihres Sohnes, ein dreiviertel Jahre altes Mädchen, mitbrachte. Sie bat den Angeschuldigten, ›doch zu gestehen, damit sie Ruhe bekomme‹.

Er schwieg hierauf längere Zeit, als wollte er sich die Antwort überlegen. Dann erklärte er: ›Ich bin unschuldig, aber die Strafe will ich gern dulden.‹ Die Mutter ermahnte ihn nochmals unter Thränen, er fing ebenfalls an zu weinen, aber ein Geständniß trat nicht über seine Lippen. Beim Abschied umarmte und küßte er seine Mutter und versicherte, daß er nichts auf dem Herzen habe. Um sein Kind bekümmerte er sich fast gar nicht, erst als ihn der Untersuchungsrichter fragte, ob er dasselbe nicht ansehen wolle, drehte er sich um und gab ihm einen Kuß.

Am 17. December wurde die Guillotine von Waldheim nach Leipzig geschafft und in dem geräumigen Gefängnißhofe des Bezirksgerichtsgebäudes (Schloß Pleißenburg) aufgestellt. Dem Gefangenen wurde auf seinen Wunsch am Nachmittage des 17. December das Heilige Abendmahl gereicht. Auch seinem Beichtvater gegenüber versicherte er in diesem ernsten Augenblicke seine Unschuld. Die Nacht vom 17. zum 18. December verbrachte er anscheinend ganz gefaßt in der Gesellschaft von zwei Wächtern, die man ihm beigegeben hatte, nachdem sein Gnadengesuch abgeschlagen worden war. Früh gegen 6 Uhr wachte er auf, wusch sich, kleidete sich an, trank seinen Kaffee sowie ein ihm dargebotenes Glas Wein und verzehrte die Hälfte eines Butterbrotes. Dann brannte er eine Cigarre an und fing an zu rauchen. Als der Geistliche kam, war er bereit, mit demselben zu beten. Nach dem Gebete erwartete er in gleichgültiger finsterer Ruhe seine Todesstunde.

Schon vor Anbruch des Tages hatten sich Schaaren von Neugierigen am Eingang aufgestellt; nur etwa 200 bis 300 Personen waren durch rothe Karten zum Eintritt legitimirt. Der Gefangenenhof war durch eine Barriere in zwei Hälften getheilt, auf der einen stand die Guillotine, die andere war für die mit Einlaßkarten versehenen Personen bestimmt. Dem großen Publikum, welches schon beim ersten Morgengrauen vor dem Eingange auf- und abwogte, war der Zutritt verboten.

Je näher die bestimmte Stunde rückte, desto dichter füllten sich die Fenster und der Hofraum mit Zuschauern. Auf dem freien Raume am Schaffot erblickte man den Landesscharfrichter Brand aus Pfaffroda bei Saida, einen hochgewachsenen Mann von etwa 45 Jahren, bartlos und von dunklem Haupthaar, mit einem Pelz und darunter mit schwarzem Frack bekleidet. Er trug einen feinen schwarzen Zylinderhut. Sein Gehilfe, ein kleinerer und älterer Mann, erschien im gleichen Anzuge. Vier Knechte waren zum Dienst bereit. Eine Anzahl Gerichtsdiener in Uniform hielten den Platz besetzt.

Jetzt schlägt es acht Uhr, und der Gerichtshof nebst dem Staatsanwalt und dem Gerichts-Wundarzt erscheint. Sogleich ertönt in langsamen Schlägen eine Glocke aus einem Fenster des dritten Stockwerks, und in Begleitung des Gefängnisgeistlichen und des Arresthausinspectors tritt der Verurteilte ungefesselt in den Hof. Künschner ist in schwarzem Tuchrock und schwarzem Tuchkleid, ohne Halstuch und Kopfbedeckung. Er hat sich seit der öffentlichen Gerichtsverhandlung wenig verändert. Seine Wangen sind weder eingefallen noch auffallend bleich. Er geht ohne Unterstützung und trägt dieselbe eiserne Ruhe zur Schau wie bei der Verkündigung des Todesurtheils.

Künschner wird vor seinen Untersuchungsrichter gestellt und dieser spricht zum Publicum: ›Es soll an diesem Mann die Todesstrafe vollzogen werden. Er heißt Heinrich Wilhelm Künschner, ist 28 Jahre und aus Hohenossig gebürtig. Er ist überführt am 3. November 1865 einen Raubmord an dem Kaufmann August Markert hierselbst verübt zu haben, und ist vom königlichen Bezirksgericht zur Strafe des Todes verurtheilt worden, welche jetzt, nachdem seine Anrufung der königlichen Gnade abschlägig beschieden ist, an ihm vollstreckt werden soll. Scharfrichter, ich übergebe ihn Ihren Händen!‹

Der Scharfrichter, der inzwischen Pelz und Hut abgelegt hat, tritt hinzu, legt die Hand an Künschners Arm und führt gemeinsam mit dem Gehilfen den Verurtheilten auf das Blutgerüst. Oben angekommen ziehen sie ihm Rock und Weste aus, so daß er nur mit Stiefeln, Beinkleidern und dem am Hals etwas aufgeschlagenem Hemd bekleidet ist.

Künschner wird gegen das aufrecht stehende Bret der Guillotine gestellt … Kopf und Hals dem Publicum zugewendet … beide Männer schnallen ihn daran fest. In dieser Stellung erhebt er die Stimme und spricht mit ruhigem Tone, deutlich und vernehmbar: ›Meine Herren, ich bin kein Mörder; aber hier stehen meine Mörder.‹

Die Scharfrichter kippen das Bret vornüber, so daß der Verurtheilte auf dem Bauche liegt … Das Bret wird etwas vorwärts geschoben … Ein Augenblick noch …«

Christian Daniel Erhard entwarf 1816 auf höchsten herrschaftlichen Befehl für die zum Königreiche Sachsen zugehörigen Staaten ein Gesetzbuch über Verbrechen und Strafen und erklärte darin »Wie weit die Beschaffenheit des inneren Antriebes bey Bestimmung der Strafe berücksichtigt werden müsse.

Bey Verbrechen der niederträchtigen Gemüthsart ist die Absichtlichkeit der That stets für bestimmter, beharrlicher und bösartiger zu halten, als bey Verbrechen der Roheit, Heftigkeit oder Verirrung. Dahero sind bey Verbrechen der Niederträchtigkeit entehrende und anrüchig machende Strafen weniger zu vermeiden, als bey anderen. Dahingegen sind bey Verbrechen, zu denen der Mensch aus Roheit, Heftigkeit oder aus einer sonst erlaubten Neigung hingerissen worden ist, so streng auch sonst die Strafe sey, anrüchig machende Strafen zu vermeiden. Es ist jedoch dabey nicht auf Beschaffenheit des entfernten, sondern des zunächst und unmittelbar beym Verbrechen wirkenden Antriebes zu sehen. Wenn daher eine nichtswürdige und mit Niedertracht ausgeübte That ursprünglich eine erlaubte, und selbst die edelste Neigung oder Leidenschaft, zur Veranlassung gehabt hätte: so kann auf die letztere, bey Bestimmung der Strafe keine Rücksicht genommen werden. Verirrungen, welche zu Verbrechen hinreißen, jedoch nicht so beschaffen sind, daß sie die Strafbarkeit ausschließen, müssen wenigstens Verschonung mit beschimpfenden Verschärfungen der Todesstrafe und mit Anrüchigkeit bewirken, wenn sich keine Wirkungen einer niederen Gesinnung mit ihnen vereinigen. Auch können sie im einzelnen Falle Strafverwandlungen mittelst königlicher Gnade veranlassen. Der höchste Grad der Strafbarkeit tritt nach Unterschied der Schwere des Verbrechens, bey denjenigen Verbrechen ein, bey welchen sich zu den Beweggründen der Niederträchtigkeit entweder Roheit und Heftigkeit oder Verirrung oder beides zugleich gesellen.«

Bei Heinrich Wilhelm Künschner hatte das Gericht keine strafmildernden Umstände feststellen können, wohl aber Niedertracht, Rohheit und Heftigkeit. Künschner war dem Gesetz entsprechend verurteilt: »Wer vorsätzlich einen

Menschen tödtet, wird, wenn er die Tödtung mit Ueberlegung ausgeführt hat, wegen Mordes mit dem Tode bestraft.«

»Es war am dritten November 1865 früh, als sich in Blitzesschnelle das Gerücht verbreitete, ein bekannter und geachteter Geschäftsmann sei in seinem eigenen Local ermordet worden. Leider hatte die tausendzüngige Kunde in diesem Falle nicht gelogen; das Verbrechen war in Wahrheit begangen worden. Das Opfer desselben war der Kaufmann August Markert. Derselbe hatte die Gewohnheit, noch nach Geschäftsschluß in seinem Comptoir zu arbeiten. Am Abend des zweiten November kehrte er nicht in seine Wohnung zurück, und am nächsten Morgen fand man ihn ermordet in seinem Verkaufsgewölbe.«

Im Parterre des an »der Ecke der Grimmaischen und Nikolaistraße zu Leipzig gelegenen Dittrich'schen Hauses (Grimmaische Straße 28) befand sich rechts von dem nach der Nikolaistraße führenden Haupteingange die Spangenberg'sche Restauration (Nikolaistraße 54) und links das Geschäftslocal der Firma August Markert. Das letztere bestand aus zwei durch eine Scheidewand ohne Thür getrennten Verkaufsgewölben, deren jedes einen besonderen Eingang von der Grimmaischen Straße hatte, und ferner in einem dahintergelegenen Comptoir mit einem Fenster nach der Hausflur und einem Gitterfenster nach der Nikolaistraße. In dieses Comptoir führt die einzige gangbare Eingangsthür von der Hausflur her gegenüber der Spangenberg'schen Restauration, während es mit jedem der beiden Verkaufsgewölbe durch eine Zwischenthür verbunden ist. In dem einen dieser Gewölbe wurden Materialwaaren, in dem andern Strumpfwaaren verkauft. Das erstere wurde fast seiner ganzen Länge nach von einer Ladentafel durchschnitten, an welche links vom Comptoir aus ein Tisch hart heranreichte. Unter dem Tisch war ein Regal mit drei Fächern angebracht, in denen Flaschen mit Spirituosen standen. Auf einem zweiten Regal in der Ecke gegenüber lagerten etliche Branntweinfässer; an diesen mußte man vorüber, um vom Comptoir hinter die Ladentafel zu gehen.«

Inhaber der genannten Firma war der Kaufmann »Karl August Markert. Er pflegte sein Geschäft jeden Abend kurz nach 8 Uhr zu schließen. Die Eingänge von der Grimmaischen Straße her wurden zugesetzt, die von der Hausflur in das Comptoir führende Thür wurde verschlossen; die Leute Markerts gingen fort, er selbst aber blieb gewöhnlich noch bis 9 Uhr, mitunter auch bis 10 Uhr allein in dem Local und arbeitete. Nach vollbrachter Arbeit trank er in der Regel in einer nahen Restauration ein Glas Bier; gegen 10 Uhr kehrte er nach Hause zurück und legte sich in seiner Schlafkammer, in welcher er allein schlief, zur Ruhe.

Auch am 2. November 1865 war er im Comptoir allein zurückgeblieben, um die Kasse in Ordnung zu bringen. Seine Frau wartete bis nach 10 Uhr, ob er nicht nach Hause kommen würde, ging aber dann zu Bett. Am andern Morgen wurde ihr vom Dienstmädchen gemeldet, daß der Herr nicht heimgekehrt und daß sein Bett noch unberührt sei. Frau Markert veranlaßte daraufhin den Commis Henning und den Markthelfer Reißig, im Geschäftslocal Erkundigung einzuziehen. Sie fanden Thüren und Fenster der Verkaufsgewölbe wohlverwahrt, dagegen die in die Hausflur mündende Thür zum Comptoir nur eingeklinkt. In dem Materialwaarengewölbe lag der entseelte Körper Markerts auf dem Boden.«

»Sofort wurde dem Gericht Anzeige gemacht und eine Localbesichtigung vorgenommen. Das Resultat derselben war folgendes: Unter dem Kopf der Leiche sah man eine Blutlache, die sich ein beträchtliches Stück hinter die Ladentafel erstreckte. Beide Seiten derselben waren mit Blut bespritzt, und zwar wurden die Blutspritzen höher hinauf immer spärlicher. An der Etikette einer in jenem Flaschenregal stehenden Rumflasche sah man einen Blutfleck, etwa zwei Ellen davon entfernt an der Wand wieder zwei Blutflecke, an den Branntweinfässern und den danebenhängenden Papiersäcken Blutspritzer, oben auf der Ladentafel, unmittelbar über dem Kopfe des Todten einen Blutfleck wie von einem blutigen Finger herrührend, einen der gleichen größern an einem in der Ecke stehenden Brecheisen, an einem kleinen Holzkasten blutige Spuren, wie wenn er mit blutiger Hand angegriffen worden wäre.«

Bei der Sektion des Leichnams »fand man auf der rechten und linken Schädelhälfte je eine die Kopfschwarte durchdringende, frische, glattränderige Wunde von 2¾ Zoll, bezüglich 1 Zoll Länge, auf der rechten Gesichtshälfte eine 1 Zoll breite und 3½ Zoll lange Wunde; ferner am Halse drei ebensolche glattränderige Wunden, die mehr oder weniger penetrirend eine dreifache Fractur des Zungenbeins, eine Fractur des Kehlkopfes, eine theilweise Zersprengung des vierten und fünften Halswirbels und eine völlige Zerstörung sämmtlicher Halsmuskeln zur Folge gehabt hatten. Die Wunden waren durch mit großer Gewalt geführte Schläge mit einem festen, scharfkantigen, beilartigen Instrumente verursacht. In der Brust zeigten sich ebenfalls zwei Wunden von 2–3 Linien Länge, die möglicherweise mit der Spitze desjenigen Instruments zugefügt sein konnten, durch welches die Kopf- und Halswunden hervorgebracht waren.

Die Zeitfolge der einzelnen Verletzungen vermochten die Gerichtsärzte nicht zu bestimmen, wohl aber erklärten sie, daß der Tod Markerts durch Verblutung, namentlich infolge des Blutergusses aus der vordern Halswunde erfolgt sei, und daß recht füglich eine einzige Person der Urheber der sämmtlichen Verletzungen sein könne. Der Mord war mit Raub verbunden. Es wurden nicht blos Markerts silberne Cylinderuhr, die goldene Uhrkette und der goldene Trauring vermißt, auch Geld und Werthpapiere waren verschwunden.

Zunächst war die Auswechselungskasse ihres Inhalts, der in circa 25 Thlrn., theils Papier-, theils Silbergeld, bestanden hatte, beraubt. Außerdem fehlte eine weit größere Summe, deren Betrag nach einer genauen Buch- und Kassenrevision aus 329 Thlr. 3 Ngr. festgestellt wurde. Der Mörder hatte diese Summe vermuthlich nicht aus einem verschlossenen Behälter, sondern vom Comptoirtisch genommen. Denn als das Comptoirpersonal sich am Abend zuvor aus dem Local entfernte, war Markert mit Durchsicht seiner Kasse, zu welcher auch die Einnahme für Lotterielose gehörte, beschäftigt. Am andern Morgen fand man unter zerstreut und zerknittert umherliegenden Papieren zwei Coupons, welche wahrscheinlich zu dem übrigen auf dem Tische aufgezählten Gelde gehört hatten.

Da Markert bei dem Eintreten des Mörders noch mit seiner Kasse zu thun gehabt hatte und er nur bis 9 Uhr, selten bis 10 Uhr in dem Comptoir zu bleiben pflegte, so mußte der Mord in der Zeit vor 10 Uhr abends verübt worden sein.

Markert riegelte die Thür nach der Hausflur beim Geschäftsschlusse gewöhnlich zu. Indeß kam es vor, daß Leute, welche seine Gewohnheit kannten, nach 8 Uhr abends von der Nikolaistraße durch die Hausflur zum Comptoir gingen, an die Thür pochten und sich noch Materialwaaren ausbaten. In der Regel riegelte Markert auf und bediente die Kunden, nachdem er zuvor in dem bereits finstern Verkaufsgewölbe eine Gasflamme angezündet hatte. Auch am 2. November mußte eine Person nach 9 Uhr Einlaß begehrt und erhalten haben, denn ein Packet mit vier Cigarren lag an der Erde und aus dem Brenner der Gasflamme, der am Abend vorher fest zugedreht worden war, strömte Gas. Der Brenner war mithin wieder aufgedreht und dann nicht gehörig verschlossen worden.

Zwischen ¼ und ½ 10 Uhr hörte der Conditor Kröber, dessen Local unmittelbar über dem Markert'schen liegt, einen dumpfen Schrei. Er öffnete das Fenster, sah hinaus auf die Straße, bemerkte aber nichts Verdächtiges. Wahrscheinlich hatte Markert den Schrei ausgestoßen, als er den ersten Schlag erhielt.

Um dieselbe Zeit sah die Dienstmagd Neumann eine Mannsperson, welche sich in der Hausflur und dem anstoßenden Höfchen umhertrieb. Der Mann frug sie, ob der Kaufmann (Markert) noch auf habe, und trat dann durch die Thür in das Comptoir. Mit der Annahme, daß das Verbrechen vor 10 Uhr abends verübt worden sei, stimmte auch der Ausspruch der Gerichtsärzte überein, welche auf Grund ihrer am andern Morgen um 9 Uhr vorgenommenen Obduction erklärten: da in allen Gelenken der obern und untern Extremitäten die Todtenstarre eingetreten sei, müsse der Tod schon vor 10–12 Stunden erfolgt sein.

Alle diese durch die schnellen und scharfsinnigen Nachforschungen der Polizei ermittelten Umstände begründeten die Ueberzeugung, daß der Mörder mit den Geschäftseinrichtungen und den Gewohnheiten Markerts bekannt gewesen sein müsse. Auffallend war, daß der Räuber den im Comptoir stehenden eisernen Geldschrank und das Comptoirpult, in welchem gegen 400 Thlr. lagen, unberührt gelassen, dagegen ein zweites Pult durchsucht hatte. Zu diesem zweiten Pulte existirte kein Schlüssel, es stak aber doch ein Schlüssel im Schlosse, und zwar ein zu einem Pultkasten gehöriger Schlüssel, den Markert stets in der Tasche trug, den ihm der Mörder daher abgenommen haben mußte. An der Stelle jenes mit werthlosen Papieren gefüllten Pultes stand bis Ostern 1865 ein anderes Pult, in welchem Markert seine Werthpapiere aufhob. Den Schlüssel dazu führte er bei sich. Man zog hieraus den Schluß, daß die Bekanntschaft des Verbrechers mit den geschäftlichen Einrichtungen Markerts aus der Zeit vor Ostern 1865 herrühren müßte. Er hatte offenbar angenommen, daß noch wie früher in diesem Pulte die Werthpapiere aufbewahrt würden, und deshalb dem ermordeten Markert den Schlüssel aus der Tasche genommen und das Pult durchsucht. Der Verbrecher hatte nicht gewußt, daß jenes Pult zu Ostern verkauft, daß ein anderes, unverschlossenes an seinen Platz gesetzt worden war und daß die Werthpapiere seitdem in dem eisernen Geldschranke aufgehoben wurden.

Zu den Personen, auf welche überhaupt ein Verdacht fallen konnte, gehörte auch der Schneidergeselle Heinrich Wilhelm Künschner. Er hatte vom 7. Juni 1863 bis zum 1. Januar 1864 die Stelle eines Markthelfers bei Markert bekleidet und wußte daher Bescheid im Comptoir. Der Wechsel in Bezug auf den Ort, wo die Werthpapiere lagen, war ihm aber unbekannt, weil er, wie gesagt, am 1. Januar 1864 aus dem Geschäfte geschieden war. Künschner stand in Arbeit bei dem Schneidermeister Rummler (Nikolaistraße 35) in Leipzig. Eine Deputation des Polizeiamtes verfügte sich in Begleitung des Staatsanwalts am 3. November 1865 zu ihm und frug ihn nach seinem Thun und Treiben am Abend zuvor. Er gab an: er habe gegen 8 Uhr Feierabend gemacht, sei hierauf allein zweimal um die ganze Promenade spazirt, kurz nach 10 Uhr aber in die Quernsdorf'sche Restauration in der Gerberstraße gegangen, dort bis gegen ½ 11 Uhr geblieben und habe sich dann nach Hause begeben.

Man visitirte Künschners Effecten und fand an einem Paar schwarzen Beinkleidern, einer schwarzen Tuchweste und einem Paar Stiefeln, welche Kleidungsstücke er am 2. November getragen hatte, röthliche Flecken, wie von Blut herrührend. Das Haus wurde durchsucht, aber weder ein zu dem Morde taugliches Werkzeug noch etwas von dem geraubten Gute vorgefunden. Künschner ward in Polizeigewahrsam genommen, am Tage darauf in das Gefängniß des Bezirksgerichts abgeliefert und von dieser Behörde wider ihn auf Antrag des Staatsanwalts Untersuchung wegen Mordes eingeleitet.«

In den »friedlichen Mauern« der Stadt Leipzig war seit mehr »als 10 Jahren ein ähnliches Verbrechen nicht verübt worden«. Ihre Bewohner befanden sich in nicht geringer Aufregung. »Hunderte von Menschen standen an den Straßenecken und lasen die dort angeschlagenen Plakate, in welchen das Polizeiamt zur Anzeige über den Verbleib der geraubten Gegenstände aufforderte. Die Menge stieß Verwünschungen aus gegen den Mörder, überall, in den Salons und auf den Bierbänken, bildete die Ermordung Markerts das Tagesgespräch. Eifrig wurde nach den Spuren des Verbrechers geforscht, und jeder wollte zur Entdeckung des Mörders beitragen. Der Staatsanwalt hatte in einer öffentlichen Bekanntmachung um die Mittheilung auch des geringsten Verdachtsmoments gebeten. Infolge dessen liefen sehr viele Anzeigen ein, die von der regen Theilnahme des Publikums zeugten. Ein Instrumentmacher hatte gesehen, daß sich am Abend des 2. November ein Mann in der Nähe der Wasserkunst (Nonnenmühlgasse) das Gesicht in der Pleiße gewaschen hatte. Ein Mädchen war am Morgen des 3. November in der Egelstraße einem Manne begegnet, der sich erst scheu umsah und dann ein langes spitziges Messer durch das Stacket in den Garten der sogenannten Milchinsel steckte. Sie hatte das Messer nicht erreichen können und am Nachmittage, als sie wieder an dieselbe Stelle kam, war es verschwunden. Ein Dritter beantragte schriftlich, man solle die Grüfte in den Kirchen, die sämmtlichen Keller und Abtritte durchsuchen lassen, dann müsse man doch das Mordinstrument finden.

Die Behörden entfalteten die umsichtigste Thätigkeit, nicht blos das Haus, der Hof, die Keller und das Pissoir des von Markert bewohnten Hauses wurden sorgfältig durchsucht, sondern auch die Anlagen an der Promenade, die Quernsdorf'sche Restauration und deren Umgebung wurden genau visitirt und sogar in der Pleiße und im Schwanenteiche von Fischern Untersuchungen vorgenommen. Vorläufig lieferten die Nachforschungen kein Resultat. Von Bedeutung dagegen war die Anzeige der Ehefrau des Victualienhändlers Franke, bei welcher die Geliebte Künschners wohnte, daß aus einem unverschlossenen Holzställchen in der letzten Woche der Michaelismesse ein Handbeil weggekommen sei. Dieses Beil könne vielleicht beim Morde gebraucht worden sein.«

Heinrich Wilhelm Künschner war am 23. August 1838 in dem »Dorfe Hohenossig bei Delitzsch in der preußischen Provinz Sachsen geboren. Sein Vater, ein Leineweber, nahm sich im Jahre 1839 selbst das Leben, seine Mutter verheirathete sich wieder an den Schneider Pehritzsch in Zschölkau. Dort ging der Knabe in die Schule. Unter seinen Kameraden galt er für einen rohen, gemeinen Jungen; der Lehrer mußte ihn oft strafen, weil er faul und liederlich war. Nach der Confirmation kam er in die Lehre zu dem Schneidermeister Meier in Hohenossig, ging aber damals schon ein lockeres Leben an. Er trank starke Biere und rauchte gute Cigarren. Die Mittel zu diesem Aufwande scheint er sich durch Diebereien verschafft zu haben, wenigstens wurden in seiner Westentasche eines Tages 30 Sgr. gefunden, die er in einem Hause, wo er auf Arbeit war, entwendet hatte.

Nachdem Künschner Geselle geworden war, trat er bei dem Schneidermeister Koppe in Kleinkrostitz in Arbeit. Anfänglich lebte er solid und ordentlich, aber nach kurzer Zeit fing er an, die Tanzböden stark zu besuchen, hoch zu spielen und viel Geld aufgehen zu lassen. Auf redliche Weise konnte er sich die Mittel hierzu unmöglich erwerben, denn er verdiente wöchentlich nur 22 Sgr. 6 Pf. Allein ein unredlicher Erwerb konnte ihm nicht nachgewiesen werden. Es kamen zwar mehrere bedeutende Gelddiebstähle in Kleinkrostitz vor, und Künschner gerieth in Verdacht, sie begangen zu haben, aber es gelang niemals, ihn zu überführen.

Im Jahre 1863 gab er die Schneiderei auf und wandte sich nach Leipzig. Hier fand er ein Unterkommen als Markthelfer. Sein Lohn reichte auch jetzt nicht hin, um seine Bedürfnisse zu decken, er erhob deshalb in der Zeit vom Januar bis zum April 1863 auf das Sparkassenbuch seines Bruders ohne dessen Einwilligung die Summe von 61 Thlrn. Am 7. Juni 1863 trat er, wie wir schon erwähnt haben, bei dem Kaufmann Markert in Dienst. Bald darauf fehlte ein Fünfthalerschein, dann wieder der Betrag von 6 Thlrn. aus der Auswechselungskasse. Ferner wurde ein Schlüssel zu der Gewölbethür und eine Ladenschürze vermißt. Markert wurde mißtrauisch und sein Mißtrauen wuchs, als er erfuhr, daß sein Markthelfer jeden Abend in einer nahen Restauration ein Beefsteak und mehrere Gläser Bier zu genießen pflegte. Markert fand sich infolge dieser Vorgänge bewogen, Künschner am 1. Januar 1864 zu entlassen. Er theilte ihm jedoch den wahren Grund dieser Maßregel nicht mit, sondern sagte ihm nur, daß er unzufrieden mit ihm sei, weil er die Kleider nicht ordentlich gereinigt habe.

Künschner wurde Markthelfer bei dem Kaufmann Rus in der Grimmaischen Straße (No. 16). Kaum war er in dieser Stellung, so kamen Differenzen in der Kasse vor. Rus kündigte ihm deshalb für den 1. März, sagte ihm aber ebenfalls nicht, daß er seine Ehrlichkeit bezweifelte, sondern machte ihm nur zum Vorwurf, daß er eines Nachts ohne Erlaubniß weggeblieben sei.

Bald nach dem 1. März wurde bei Rus mehrere mal Geld gestohlen, und zwar mußte der Dieb mit den Localitäten vertraut gewesen sein. Man dachte sofort an den entlassenen Markthelfer, der eines Tages einen ihm verschlossen übergebenen Schlüsselkasten geöffnet zurückgebracht und angeführt hatte, er sei gefallen und dabei sei der Kasten aufgesprungen. Dies war, wie man sich bei näherer Besichtigung überzeugt, nicht möglich. Rus muthmaßte daher, Künschner möge den Schlüsselkasten erbrochen, sich bei dieser Gelegenheit einen Nachschlüssel verschafft und mit dessen Hülfe die Diebstähle ausgeführt haben. Künschner leugnete jedoch und räumte nur einen Cigarrendiebstahl während seiner Dienstzeit ein. Er wurde deswegen mit fünf Wochen Gefängniß gestraft, im übrigen mußte die Untersuchung eingestellt werden.

Eine Zeit lang arbeitete Künschner als Handarbeiter, dann aber trat er als Schneidergeselle bei dem Schneidermeister Opitz und später bei dem Schneidermeister Rummler in Arbeit. Hier traf er mit der ledigen Johanne Friederike Paatz aus Zschölkau zusammen, welche er von der Schulzeit her kannte. Er besuchte die Paatz in ihrer Wohnung bei der Victualienhändlerin Franke (An der Pleiße 6), ging mit ihr spazieren und machte ihr im Juli 1865 einen Heirathsantrag. Die Paatz gab ihm das Jawort, beide wurden immer vertrauter, und etliche Monate später fühlte sich das Mädchen schwanger von dem Umgange mit Künschner. Obgleich keines von beiden Vermögen besaß, beschlossen sie doch, sich noch im Jahre 1865 trauen zu lassen. Künschner meinte, sie würden schon bekommen, was sie brauchten. Er miethete ein Logis in Neusellerhausen, für welches er den vierteljährlichen Miethzins mit 6 Thlr. 15 Sgr. pränumerando bezahlte, bestellte das Aufgebot und besorgte die erforderlichen Papiere. Am Morgen des 2. November war alles in Ordnung und die Hochzeit wurde auf den 13. November anberaumt, da trat seine Verhaftung dazwischen.« Kein Geld für die Verehelichung, Panik vor der Feier liegt als Künschners Mordmotiv an August Markert nah.

»Die Untersuchung, welche der Bezirksgerichtsrath Vieweg mit großem Fleiß, mit ausgezeichnetem Scharfsinn und mit einer der Wichtigkeit des Falles angemessenen Gründlichkeit führte, darf als mustergültig bezeichnet werden. Es ist selten, daß so wie hier das Netz sich immer enger und enger zusammenzieht, daß eine so schlagende Ueberführung erfolgt«, lobt die Presse.

»Bei der Vernehmung darüber, wo er sich am Abend des 2. November aufgehalten, wiederholte Künschner, was er schon vor den Polizeibeamten ausgesagt hatte: Er habe nach 8 Uhr die Wohnung seines Meisters verlassen und sei die Nikolaistraße hinauf über den Nikolaikirchhof nach der Promenade und auf dieser zweimal um die Stadt herum spazieren gegangen, um sich zu erholen, habe aber den Theil der Nikolaistraße, welcher zwischen dem Nikolaikirchhof und der Grimmaischen Straße liegt und wo das von Markert bewohnte Haus steht, nicht berührt. In der Nähe der Post habe er es 10 Uhr schlagen hören. Er sei auf demselben Wege zurück nach der Freygang'schen Destillation in der Nikolaistraße (No. 15, heute No. 16) gerannt, um dort Schnaps für seine Mitgesellen zu holen, habe jedoch das Geschäft geschlossen gefunden und sich nun in die Quernsdorf'sche Restauration begeben. Dort habe er zwei Glas Bier getrunken und sich mit einem Markthelfer und einem andern ihm unbekannten Manne unterhalten. Nach etwa einer halben Stunde, also gegen ¼ 11 Uhr, sei er mit dem Markthelfer die Gerberstraße hinab, von da aber allein über den Brühl ohne Aufenthalt nach Hause und nach einer kurzen Unterhaltung mit seinen Nebengesellen Alberts und Krumbholz zu Bett gegangen.

Diese Gesellen bestätigten, daß Künschner am 2. November abends nach 8 Uhr die Wohnung verlassen hatte und gegen 11 Uhr zurückgekehrt war. Desgleichen wurde durch die Aussagen des Markthelfers Troitzsche, des Schuhmachers Schröter – er war jener zweite unbekannte Mann – und der Wirthin Quernsdorf festgestellt, daß Künschner kurz nach 10 Uhr in ihre Restauration gekommen und nach etwa einer halben Stunde und nachdem er zwei Glas Bier getrunken wieder fortgegangen war.

In Betreff der kritischen Zeit zwischen 8 und 10 Uhr vermochte der Angeschuldigte den Beweis für die Wahrheit seiner Angaben nicht zu führen. Abgesehen davon, daß ein zweistündiger Spaziergang in einer Novembernacht überhaupt an sich nicht wahrscheinlich war, konnte er auch nicht eine einzige Person nennen, oder beschreiben, der er auf den um jene Stunden noch immer lebhaften Promenaden begegnet war.

Aber noch mehr! Es traten Zeugen auf, die ihn gegen 9 Uhr in der Nähe des Markert'schen Hauses getroffen, die gesehen haben wollten, wie er in das Haus und sogar in das Comptoir eintrat.

Die dreizehnjährige Johanne Luise Seltner, deren Aeltern in dem Eckhause gegenüber dem Markert'schen Gewölbe wohnen, bemerkte, als sie abends gegen ½ 9 Uhr nach Hause zurückkehrte, am Nachbarhause einen Mann stehen, der sie so verwegen anschaute, daß sie auf die andere Seite der Straße ging. Der Mann war ungefähr 30 Jahre alt, von mittlerer Statur und blasser Gesichtsfarbe. Er trug einen starken Schnurrbart und war mit einem grauen Rocke, dunkeln Hosen und einer dunkeln Stoffmütze bekleidet.

Der Steinhauergehülfe Albert Zehn hatte sich mit seinem Freunde Hilbert ½ 9 Uhr an das Eckhaus der Nikolaistraße begeben, um seine Geliebte, das Seltner'sche Dienstmädchen, Johanne Sophie Winter, daselbst zu treffen. Vor dem Hause stand ein Mann von mittlerer Statur, blassem ungesundem Aussehen, mit einem schwarzen Schnurrbart in einem grauen Rocke. Er blickte unverwandt nach dem Eingange der Spangenberg'schen Restauration. Zehn sah ihn genau an, weil er in ihm einen Nebenbuhler vermuthete. Die Winter kam nicht gleich. Zehn und Hilbert gingen deshalb auf und ab nach dem Nikolaikirchhofe zu, über denselben weg nach der Ritterstraße und durch die Grimmaische Straße wieder an das Eckhaus der Nikolaistraße. So oft sie während dieses Auf- und Abgehens an dem Manne vorbeikamen, stand er in derselben beobachtenden Stellung da. Als sie kurz vor 9 Uhr wieder an der Hausthür anlangten, ging er einige Schritte an ihnen vorüber, schwenkte dann aber plötzlich ab nach dem Markert'schen Gewölbe zu und trat durch die Hausthür in das Haus ein.

Zehn wartete noch einige Zeit, sah aber den Mann nicht wieder herauskommen.

Der Steinhauergehülfe Hilbert hatte ganz dieselben Wahrnehmungen gemacht wie sein Freund Zehn. Sophie Winter trat zwischen ¾ 9 und 9 Uhr aus der Hausthür, um auf ihren Geliebten zu warten. Dieser war nicht da, wohl aber ein anderer Mann von mittlerer Statur und blasser Gesichtsfarbe, den sie auf 26 – 30 Jahre schätzte. Der Mann trug einen Schnurrbart und hatte einen gräulichen Rock an. Er sah sie so scharf und so stechend an, daß die Winter zurückwich. Sie bemerkte noch, daß er sich nach der Spangenberg'schen Restauration umdrehte und etliche Schritte in der Richtung dorthin that. Als sie kurz nach 9 Uhr wieder herunterkam, war jener Mann nicht mehr da. Sie traf ihren Geliebten, der zu ihr sagte: es habe einer dagestanden, der hätte wol auf sie gelauert.

Das bereits früher genannte Spangenberg'sche Dienstmädchen, Bertha Neumann, ging abends zwischen ¼ und ½ 10 Uhr aus der im vierten Stock gelegenen Küche herunter in den Hof, um ihr Abendbrot aus der Gaststube zu holen. In diesen noch nicht drei Ellen breiten Hof mündet der Hintere Ausgang der Spangenberg'schen Restauration. Als sie an der Thür stand, hörte sie Fußtritte von der Hausflur nach dem Hofe zu. Es kam ein mit einem gräulichen Rocke, dunkeln Hosen und einer dunkeln Mütze bekleideter Mann von blasser Gesichtsfarbe. Er hielt die eine Hand fortwährend in der Tasche und sah in den Hof hinein. Die Neumann glaubte, der Mann wolle das dort befindliche Pissoir benutzen, genirte sich aber vor ihr, sie ging daher in die hellerleuchtete Hausflur. Da der Fremde keine Anstalt machte, in den Hof zu gehen, kehrte die Neumann an den hintern Eingang der Restauration zurück. Kaum war sie dort, so trat der Mann in den Hof, blieb, ohne sein Wasser abzuschlagen, mehrere Minuten vor dem Pissoir stehen und wandte sich dann plötzlich mit der Frage an sie: ›Hören Sie, hat der Kaufmann noch auf?‹ Auf ihre Antwort, sie wisse es nicht, ging er durch die Hausflur zurück bis zur Thür des Markert'schen Comptoirs und verschwand in dem Comptoir. Die Neumann blieb noch etwa 10 Minuten an der Hausthür stehen, sah aber jenen Mann das Comptoir nicht verlassen. Dann begab sie sich wieder in die Küche und kam erst wieder herunter, als der Kellner klingelte und Schinken bestellte.

Der Kellner Müller sah, als er diese Bestellung machte, etwa ½ 10 Uhr einen Mann im Pissoir stehen, der sich sofort eiligen Schrittes entfernte und auf der Straße die Richtung nach links einschlug. Auch er beschreibt den Mann genau so wie die übrigen Zeugen.

Obwol er ihn nur von der Seite und nur die Hälfte seines Gesichts und Schnurrbarts sehen konnte, dachte Müller doch gleich bei sich: ›Das ist ja der frühere Markthelfer von Markert.‹ Er sah ihm nach und will ihn auch am Gange und an der Gestalt erkannt haben.

Endlich sah auch das andere Spangenberg'sche Dienstmädchen, Christine Therese Müller, die gegen 9 Uhr, um mit ihrem Geliebten zusammenzutreffen, das Haus verlassen hatte und ungefähr eine Viertelstunde später zurückkehrte, ganz vorn an der Hausthür einen Mann von mittlerer Statur, der einen schwarzen Schnurrbart trug. Er sah scharf nach der Straße zu, als ob er jemand erkennen wollte. Als die Müller zwei bis drei Wochen später die Photographie Künschners zu Gesicht bekam, schrie sie laut auf: ›Herr Gott, den habe ich ja auch gesehen!‹ Jetzt erst erhielt das Gericht Kenntniß von ihrer Wahrnehmung.«

Die Person, über welche alle diese Zeugen aussagten, mußte ein und derselbe Mann sein, denn die Beschreibung aller stimmte bis hin ins Detail überein. »Wie schwer diese Zeugenaussagen ins Gewicht fallen mußten, liegt klar zu Tage. Dennoch war der Beweis der Identität zwischen dem Angeschuldigten und jenem Manne, welcher offenbar der Mörder war, nicht vollständig hergestellt. Kein Zeuge hatte ihn mit unumstößlicher Gewißheit recognoscirt, und so schwankende Angaben wie: ›Ich halte ihn dafür‹, ›Ich glaube, daß es jener Mann ist‹, ›Der Schnurrbart, der Rock, die Gesichtszüge stimmen überein‹, genügten nicht zur Ueberführung in einer solchen Capitalsache. Andererseits war es von Bedeutung, daß sich sämmtliche Zeugen mit mehr oder weniger Entschiedenheit für die Identität aussprachen, und so viel stand mindestens fest, daß nach Gesicht, Statur, Gang, Sprache und Kleidung Künschner jenem Manne, der der Mörder gewesen sein mußte, in auffallender Weise glich.

Der Angeschuldigte blieb beim Vorhalt dieser Zeugnisse so ruhig und kaltblütig wie zuvor. Er wiederholte, er sei zwischen 8 und 10 Uhr um die Stadt promenirt und nicht in die Nähe des Markert'schen Gewölbes gekommen. Die Zeugen hätten sich geirrt, er habe dieselben, mit Ausnahme des Kellners Müller, niemals gesehen und niemals gesprochen. Der Kellner Müller aber werde den 1. und den 2. November verwechselt und ihn am 1. November, wo er allerdings in jenem Pissoir sein Wasser abgeschlagen und sich dann in die Löwe'sche Restauration begeben habe, gesehen haben. Der Kellner Müller hatte die Tage indeß nicht verwechselt, denn an jenem Abend, wo er den Mann gesehen, war noch ein ganzer Schinken bestellt worden. Dies war etwas Ungewöhnliches in jener Restauration und nach dem Zeugniß des Wirthes am 2. November vorgekommen. Ueberdies erklärte das gesammte Personal der Restauration von Löwe, welches den Angeschuldigten, der dort öfter verkehrt hatte, sehr gut kannte: es sei nicht wahr, daß Künschner am Abend des 1. November dort gewesen sei. Künschner hatte also gelogen, um das Zeugniß des Kellners Müller zu entkräften und womöglich an Stelle des 2. den 1. November zu substituiren.

Künschner war indeß nicht blos am Abend des 2. November, er war auch in den letzten Wochen vor dem Morde mehreremal um die Zeit, wo das Markert'sche Geschäft geschlossen wurde, in der Nähe des Locals gesehen worden. Er trieb sich dort ohne Zweck lauernd und beobachtend umher. Der Markthelfer Markerts, Namens Reißig, begegnete dem Angeschuldigten öfter in der Nikolaistraße, wenn er die Schlüssel des Gewölbes nach dem Schlusse des Geschäfts in die Wohnung von Markert trug. Einmal frug ihn Künschner, ob noch jemand im Geschäft sei, und fügte hinzu, sein Herr sähe jetzt recht leidend aus, was übrigens gar nicht der Fall war.

Künschner räumte auf Vorhalt ein, am 1. November und auch an mehrern Abenden zuvor im Dittrich'schen Hause und in der Nähe desselben verkehrt zu haben, angeblich aber nur, um in dem zur Spangenberg'schen Restauration gehörigen Pissoir sein Wasser abzuschlagen. Da er die Spangenberg'sche Restauration niemals, dagegen die nur zwei Häuser davon entfernte Löwe'sche Restauration regelmäßig besuchte, so war es nicht wohl erklärlich, warum er in jener und nicht in dieser seine Bedürfnisse verrichtete. Auch der Aufenthalt vor dem Dittrich'schen Hause und die beobachtende Stellung erklärt sich hierdurch nicht. Viel näher liegt die Annahme, daß Künschner sich schon längere Zeit mit dem Gedanken, den Kaufmann Markert zu berauben, getragen und sich, um eine günstige Gelegenheit zu erspähen, vor dem Dittrich'schen Hause aufgestellt und beobachtet hat.«

»Wie bereits oben erwähnt wurde, hatte man an den Kleidern, die Künschner am Abend des 2. November getragen, verdächtige Flecke entdeckt. Man unterwarf die Kleidungsstücke einer genauen Besichtigung und fand am Rocke 20–30 Flecken, darunter einen besonders auffälligen an der Schulter, ferner an der Weste 9. Am rechten Vordertheil der Beinkleider zeigten sich über 100 theils größere, theils kleinere Spritzer, die meisten waren unten, in der Nähe des Schrittes wurden sie spärlicher. Auf dem linken Vordertheil der Beinkleider bemerkte man dagegen nur 4 Flecken, 2 unterhalb, 2 oberhalb des Knies.

An dem Vorderblatte des rechten Stiefels waren 19, an dem des linken nur 2 Flecken. Der Professor Dr. Erdmann und der Bezirksarzt Professor Dr. Sonnenkalb wurden mit der chemischen Untersuchung beauftragt. Beide erklärten mit voller Bestimmtheit, daß jene Flecken von Blut herrührten.

Künschner wurde aufgefordert, sich darüber auszusprechen, wie das Blut an seine Kleider gespritzt sei. Er gab an, die Blutflecken an den Beinkleidern und den Stiefeln möchten vielleicht dadurch entstanden sein, daß er bei seiner Promenade um die Stadt in Blut getreten sei. Auch habe er in der Nähe der Landfleischerhalle und ein zweites mal in dem Pissoir in dem Hofe seiner Wohnung sein Wasser abgeschlagen, vielleicht sei der Wasserstrahl in eine Blutlache gegangen und habe ihn durch das Aufspritzen mit Blut befleckt.

Die Blutflecke am Rock und an der Weste konnten natürlich auf diese Weise nicht entstanden sein. Er wunderte sich selbst über diese Flecke, denn er hatte zwar, wie er versicherte, vor drei bis vier Wochen ein mal Nasenbluten gehabt, aber nur einige Tropfen Blut verloren, auch hatte er sich sofort gebückt und glaubte daher nicht, daß hiervon Rock und Weste beschmutzt worden seien.

Die Erklärung des Angeklagten über die Entstehung der Blutflecke war sonach sehr ungenügend. Schon den Laien leuchtet es ein, daß durch Hineintreten in eine Blutlache, oder durch Ablassen des Wassers in eine solche die Hosen und die Stiefeln nicht wohl in dieser Weise mit Blut bespritzt werden können. Ueberdies hatte kein Mensch eine derartige Blutlache auf den Promenaden und in den fraglichen Pissoirs wahrgenommen, und als sich das Gericht von dem Angeschuldigten an die betreffenden Orte führen ließ, war eine Blutspur nicht vorhanden. Durch die Sachverständigen aber wurde die Unmöglichkeit dieser Entstehungsursache schlagend nachgewiesen. Sie sagten: Wenn Künschner so in

Blut getreten wäre, daß über 100 Spritzer bis zum Knie und darüber hinauf entstanden wären, so hätten sich auch Blutspuren finden müssen an denjenigen Theilen der Stiefeln, welche beim Gehen in der Regel den Boden nicht berühren, also auch durch das Gehen nicht abgenutzt werden, also zwischen der Vordersohle und dem Absatze, an den Seiten der Sohle, in der Fuge zwischen Sohle und Oberleder. Solche Spuren sind jedoch nicht vorhanden gewesen.

Blut coagulirt und verliert die Feinflüssigkeit bald nachdem es den menschlichen, bezüglich thierischen Organismus verlassen hat. Auf die Kleider des Künschner muß das Blut aber unmittelbar aus dem lebendigen Organismus gespritzt sein, denn das Blut zeigte noch die frische Glasur und einzelne Tropfen, die auf schiefe oder perpendikuläre Flächen, z. B. auf die Seiten des Stiefels trafen, sind ausgelaufen. Solche Blutflecken konnten sich also nicht bilden, wenn Künschner mit Blut in Berührung kam, welches nicht mehr frisch und infolge dessen nicht mehr dünnflüssig war.

Beim Nasenbluten fließen die Tropfen von oben nach unten, die Blutflecken am Rock und an der Weste zeigen aber, daß das Blut von unten nach oben gespritzt ist. Ueberdies läßt der Fleck auf der Schulter sich nicht durch Nasenbluten erklären.

Die Sachverständigen wiesen ferner nach, daß die Blutflecke am 2. November vor dem Ausgange Künschners nicht vorhanden gewesen, sondern erst im Laufe des Abends entstanden sein konnten.

Ihr desfallsiges Gutachten argumentirte so: Künschner hat, wie er dies täglich zu thun pflegte, auch am Abend des 2. November, ehe er ausging, die Beinkleider nach seiner eigenen Angabe gereinigt und die Stiefeln entweder gewichst oder wenigstens gebürstet. Wären damals die Blutflecken schon dagewesen, so würden sie durch die Bürste theilweise zerstört, jedenfalls aber ihrer Glasur beraubt worden sein. Die Flecken zeigen indeß das Blut noch mit seiner Glasur.

Daraus ist zu schließen, daß die Kleider nicht wieder gebürstet worden sind, nachdem das Blut daran gespritzt ist.

Die Flecke an Rock und Weste können von einem Nasenbluten, was mehrere Wochen zurückliegt, nicht herrühren, weil sie durch das tägliche Reinigen der Kleider ihre Glasur verloren hätten und zum Theil völlig verschwunden sein würden. Uebrigens hätten sie doch auch dem Künschner beim Bürsten nicht entgehen können, er hat aber behauptet, daß er davon nichts bemerkt habe.

Wie man sich erinnern wird, waren die beiden Seiten der Ladentafel, an deren Ecke der Leichnam mit dem Kopfe lag, dicht mit Blut bespritzt, während höher hinauf die Blutspritzer nur vereinzelt sich zeigten. An der Etikette einer Rumflasche auf dem obersten etwa 4 Ellen hoch über dem Erdboden befindlichen Fache eines Flaschenregals, welches links von der Comptoirthür stand, an deren Stufe die Leiche mit den Füßen lag, war ein einen Zoll langer Blutfleck, etwa 2 Ellen davon an der Wand sah man wiederum zwei Blutflecke und die rechts von der Comptoirthür auf einem Regal lagernden Branntweinfässer, sowie einige an demselben hängende Papiersäcke waren mit Blut bespritzt.

Aus diesen Wahrnehmungen in Verbindung mit der Beschaffenheit der Kopfwunden zogen die Sachverständigen folgenden Schluß: Markert hat wahrscheinlich, während er vor dem Flaschenregal stand, den ersten ihn betäubenden Schlag empfangen, und aus der hierdurch erzeugten Wunde ist das Blut an das Regal und die Wand gespritzt. Markert ist infolge jenes Schlages zu Boden gestürzt, der Mörder hat vermuthlich an der Ecke der Ladentafel gestanden und dem bewußtlos in der Lage, in welcher man die Leiche gefunden, daliegenden Markert die Hals- und Gesichtswunden beigebracht.

Mit diesem Befunde und dieser Schlußfolgerung standen die Blutflecke an Künschners Kleidern im vollsten Einklange. Nahm man an, daß er der Mörder gewesen war, so stimmte alles überein. Hatte er dem aufrecht stehenden Markert den Schlag versetzt, so konnte leicht das aufspritzende Blut, wie es das Regal und die Wand befleckt hatte, auch auf seinem Rocke den Fleck in der Gegend der Schulter hinterlassen haben. Hätte er neben seinem am Boden liegenden Opfer stehend die Hals- und Gesichtswunden verursacht, so war es erklärt, daß sich an dem rechten Stiefel Blutspritze in schräger Richtung von vorn nach hinten und zwar in einem sehr spitzen Winkel fanden.

Und noch mehr! Wie die Blutspritzer an der Ecke der Ladentafel neben dem Kopfe Markerts bis zur Höhe von 15 Zoll sehr zahlreich, höher hinauf aber spärlich waren, so hatten auch die Blutspritzer an dem rechten Beinkleide Künschners die gleiche Richtung und die gleiche Höhe. Denn in einer Höhe bis zu 13 Zoll, zu welcher noch 2 Zoll wegen der Stiefelhöhe hinzugerechnet werden mußten, zeigten sich die Blutspritzer dicht, weiter hinauf dagegen nur einzeln. Endlich traf auch die Thatsache, daß an dem Vordertheil des linken Beinkleides verhältnißmäßig nur sehr wenige, und an dem linken Stiefel kaum zwei Blutflecke zu entdecken waren, höchst charakteristisch mit der Annahme der Sachverständigen zusammen, daß der Mörder, als er an der Ecke der Ladentafel stehend auf Markert losschlug, das rechte Bein vorgestreckt hatte, während das linke durch das rechte oder durch die Ladentafel geschützt war.«

Ein weiteres den Angeschuldigten schwer belastendes Moment war folgendes: Als Künschner »am Abend des 2. November gegen 8 Uhr aus der Wohnung seines Meisters wegging, versprach er seinem Nebengesellen Alberts, Schnaps mitzubringen, und nahm zu diesem Zwecke die Flasche mit, welche von den Gesellen hierzu gebraucht wurde. Die Gesellen tranken nur Nordhäuser. Von dieser Sorte war noch ein Rest in der Flasche gewesen und ausgetrunken worden. Künschner konnte mithin nicht darüber im Zweifel sein, was für Schnaps er holen sollte. Als er um ¾ 11 Uhr abends heimkehrte, brachte er keinen Schnaps mit, sondern erzählte seinen Kameraden, die er zwar im Bett, aber noch wachend antraf: Er habe erst um 10 Uhr, wo er sich in der Nähe der Post befunden, wieder daran gedacht, daß er Schnaps holen sollte. Um noch rechtzeitig in die Freygang'sche Destillation zu kommen, aus welcher der Schnapsbedarf regelmäßig bezogen wurde, sei er gelaufen und dabei mit der in der Rocktasche steckenden Flasche an eine Hausecke am Nikolaikirchhof so angerannt, daß ein Stück vom Flaschenhalse abgebrochen sei. Er habe dieses Stück vom Erdboden aufgehoben und zu sich gesteckt. Das Freygang'sche Geschäft sei bereits geschlossen gewesen, und deshalb habe er keinen Schnaps bekommen. Die Flasche stand am andern Morgen auf ihrem gewöhnlichen Platze; der Hals derselben war zerbrochen, das fehlende Stück jedoch nicht vorhanden.

Bei seiner gerichtlichen Vernehmung brachte er die nämliche Erzählung vor, wollte aber die Flasche nicht in der Rocktasche, sondern in der Hand gehabt haben. Abgesehen von diesem Widerspruche war es auffallend, daß Künschner trotz seiner Eile einen Glasscherben aufgehoben haben wollte, einen Glasscherben, der nachher spurlos verschwunden war. Man brachte die Flasche in Verbindung mit dem Morde und überlegte, was der Angeschuldigte wol für einen Grund gehabt haben möchte, über das Zerbrechen der Flasche eine solche Fabel zu ersinnen.

Die Flasche roch am 3. November und noch mehrere Tage später ganz entschieden nach Kümmel und nicht nach Nordhäuser. Nicht blos Meister Rummler und seine drei Gesellen hatten diese Wahrnehmung gemacht, auch zwei Destillateure, denen die Flasche vorgelegt wurde, versicherten dies mit voller Bestimmtheit.«

In der Flasche war, nach allen Zeugenaussagen, nur Nordhäuser geholt worden. »Noch am 2. November abends 6 Uhr war Nordhäuser darin gewesen. Künschner hatte angeblich keinen Schnaps mehr bekommen und die leere Flasche mit zerbrochenem Halse an ihren gewöhnlichen Standort gestellt. Wie kam es nun, daß sie am 3. November nach Kümmel roch?« Es gab dafür eine Erklärung: Markerts Laden.

»Im Markert'schen Geschäft fand ein Detailverkauf von Spirituosen statt, auch von Kümmelschnaps. Markert hatte der Lage des Körpers nach wahrscheinlich den ersten tödlichen Schlag erhalten, als er vor dem Regal stand, in welchem die Spirituosen aufbewahrt wurden. An der Rumflasche, die gerade über der Kümmelflasche stand, und an einem Wandpfeiler daneben waren Blutflecken. Und der Commis Hennig erklärte, daß die Kümmelflasche, aus welcher am 3. November etwas ausgeschenkt war, am Abend des 2. November noch gefüllt gewesen sei.«

Man muß nun zu dem »Schlusse gelangen, daß Künschner an dem verhängnißvollen Abend Kümmel verlangt, und daß Markert, während er den Kümmel eingoß, den tödlichen Schlag empfangen hatte. Die Flasche war ihm aus der Hand geglitten und zerbrochen. Der Angeschuldigte wußte gegenüber diesen Verdachtsgründen nichts weiter anzuführen, als daß die Flasche nicht nach Kümmel gerochen haben könnte und daß noch am Morgen vor seiner Verhaftung Nordhäuser darin geholt worden sei.«

»Ehe wir auf den letzten wichtigen Umstand kommen, welcher den Schlußring in der Indicienkette bildet, haben wir etliche Momente zu erwähnen, welche als entferntere Verdachtsgründe gelten müssen.

Künschner bedurfte, wie wir uns erinnern, Geldmittel, um die Ausgaben für seine bevorstehende Verheirathung zu bestreiten. Die Untersuchung ergab aber noch mehr, nämlich, daß er die Summe von 52 Thlrn. 13 Sgr. 8 Pf. schuldig war; für einen armen Schneidergesellen gewiß eine bedeutende Schuldenlast. Von mehrern Gläubigern wurde er lebhaft gemahnt, einer derselben, der Schneider Opitz, hatte ihn sogar verklagt und das Gericht den Zahlungstermin auf den 1. November anberaumt. Er besaß außer einem Bett und einer Kommode kein Stück Hausrath, nicht einmal einen Bräutigamsanzug hatte er sich schaffen können, und sein Ueberrock war trotz des herannahenden Winters noch auf dem Leihhause versetzt. Seine Braut war ebenso mittellos wie er. Dennoch wollten sie am 13. November Hochzeit machen. Es war für Künschner unter diesen Umständen absolut nothwendig, möglichst bald eine ansehnliche Summe Geld in die Hand zu bekommen.

Wir haben über das frühere Leben des Angeschuldigten schon berichtet. Künschner war ein genußsüchtiger, liederlicher Mensch und ein Dieb. Seine Schwägerin sagt von ihm: ›Er hatte einen leichtsinnigen Charakter, es war ihm alles egal.‹

Die Mutter seiner Braut erklärte schlechthin: ›Ich traue ihm den Mord zu.‹

Auf Markert scheint er überdies einen speciellen Haß geworfen zu haben, weil dieser ihn aus dem Dienste geschickt hatte. Erwiesen ist, daß Künschner einige Zeit vor dem 2. November die Aeußerung gethan hat: ›Wenn ich dem Markert einmal etwas auswischen könnte, thäte ich es gern.‹

Auch aus dem Benehmen des Angeklagten am Abend des 2. und am Morgen des 3. November ließ sich ein Schluß auf seine Schuld ziehen. Wir wissen, daß er am 2. November kurz nach 10 Uhr abends in die Quernsdorf'sche Restauration gekommen ist. Nach dem Zeugnisse der anwesenden Gäste und der Wirthin trat der in seinen Bewegungen sonst ruhige und abgemessene Künschner rasch ein, setzte sich auf eine vorn an der Thür befindliche Bank, ließ sich ein Glas Bier geben, trank es schnell aus, ›wie einer, der viel Durst hat‹, und unterbrach das Gespräch der ihm nur oberflächlich bekannten Gäste mit dem Bemerken: er komme soeben von einem Spaziergange. Als niemand darauf antwortete, fing er mit dem Markthelfer Troitzsche und dem Schuhmacher Schröter ein anderes Gespräch an und äußerte im Verlaufe desselben, daß er früher bei dem Kaufmann Markert Markthelfer gewesen sei. Sonderlich aufgefallen war Künschners Aussehen und Betragen übrigens nicht. Er sah nicht etwa verstört, nicht leidenschaftlich erregt aus und auch Blutflecken im Gesicht, an den Händen oder an den Kleidern hat niemand wahrgenommen. Aber freilich hat auch niemand dem eintretenden Künschner eine besondere Aufmerksamkeit zugewendet; die ziemlich geräumige Gaststube war nur von einer Gasflamme erleuchtet, und der Angeschuldigte saß an der Thür, während Troitzsche und Schröter nach der Mitte des Zimmers zu an einem Tische saßen. Als Künschner und Troitzsche zusammen die Gerberstraße hinabgingen, äußerte der erste: ›Diesen Weg habe ich zu der Zeit, wo ich noch bei Markert war, oft gemacht.‹

Was bewog ihn wol, den Namen des Mannes, dessen Blut von ihm vergossen und kaum an seinen Kleidern getrocknet war, zum zweiten Male auszusprechen? Wir glauben nicht, daß er sich dadurch im voraus ein Beweismittel schaffen wollte, daß er absichtlich von Markert geredet hat, damit man aus der Ruhe, mit welcher er unmittelbar nach dem Morde von seinem Opfer sprach, schließen sollte, er sei der That völlig fremd. Wir nehmen vielmehr an, daß das Bild des Ermordeten unablässig vor seiner Seele stand, daß sein Inneres ganz erfüllt war von der grausigen That. Deshalb trat ihm der Name Markert unwillkührlich über die Lippen. Er mußte von ihm sprechen, denn wessen das Herz voll ist, dessen geht der Mund über.«

»Am 3. November verbreitete sich die Kunde von dem Morde in der ganzen Stadt. Sie drang auch zu dem Schneidermeister Rummler und dessen Gesellen. Diese wußten, daß Künschner bei Markert früher Markthelfer gewesen war, und beschlossen, einen Spaß zu machen und im Spaße ihm die Verübung des Mordes schuld zu geben.

Künschner hatte, als die blutige Nachricht gebracht wurde, in einer Nebenstube gearbeitet, und nach der Meinung seiner Kameraden war ihm das gewaltsame Ende seines vormaligen Brotherrn noch völlig unbekannt. Als er in die Arbeitsstube kam, theilten sie ihm die schreckliche Neuigkeit mit und sagten scherzend: ›Du sollst es ja gewesen sein, der Markert ermordet.‹ Künschner wurde nicht zornig, er lachte auch nicht darüber, sondern erwiderte ruhig und kaltblütig: ›Ich kann mich ausweisen, wo ich gewesen bin.‹ Die Antwort klang, als sei er vollkommen darauf gefaßt, daß man ihn für den Mörder halten würde. Er hatte sich vorbereitet, eine derartige Anklage zu widerlegen.

Man redete noch hin und her über den Mord, und Künschner erzählte: Markert habe die Gewohnheit gehabt, abends allein zu bleiben und noch lange zu arbeiten; auch führe von der Hausflur eine Thür in das Comptoir. Er deutete hiermit an, wie sich der Mörder Zugang verschafft habe.

Nach einiger Zeit hörte man Fußtritte auf der Treppe, die Gesellen Alberts und Krumbholz bemerkten den ihnen zufällig bekannten Staatsanwalt Hofmann. Beide riefen: ›Jetzt scheinen die Gerichte zu kommen. Sie kommen am Ende zu dir.‹ Künschner hielt mit der Arbeit inne, er wurde leichenblaß. Jener Scherz war furchtbarer Ernst geworden. Allerdings kamen die Diener der Gerechtigkeit und griffen den Mörder.«

»Wir haben gesagt, man hatte den Mörder gegriffen, wir fügen hinzu: auch die Beute des Mörders wurde gefunden.

Am 14. November holte die verehelichte Metzig, eine Mitbewohnerin des Hauses, in welchem die Rummler'sche Werkstatt war, Holz aus einem verschlossenen Holzställchen. Es liegt nebst drei Abtritten und einem Pissoir in einem von dem Hofe nur durch eine offene Thür getrennten Raume. Als sie ihren Korb mit dem an der Erde liegenden Holz gefüllt hatte, nahm sie noch etliche Stücke von der obersten Schicht weg. Da fiel ein Packet in grauem Papier herab. Die Metzig schlug es auseinander und sah, daß inwendig aus einem zweiten Umschlage in einer Ecke die Zahl 10 hervorragte, so wie diese Zahl auf den Zehnthalerscheinen zu stehen pflegt. Sofort schoß ihr der Gedanke durch den Kopf, ihr früherer Hausgenosse Künschner könne vielleicht das Packet dorthin gesteckt haben. Sie trug es zu Rummler, dieser öffnete es und fand darin 60 Thaler in 5 Zehnthaler- und 2 Fünfthalerscheinen, die zuerst in ein Stück vom *Leipziger Tageblatt* und dann nochmals in graues Papier eingeschlagen waren.

Rummler lieferte den wichtigen Fund an das Untersuchungsgericht ab. Man blieb nicht lange darüber in Zweifel, daß ein Theil des bei Markert geraubten Papiergeldes vorlag. Solche Sorten Papiergeld waren in dem Markert'schen Geschäft vereinnahmt und nach dem Morde vermißt worden. Das graue Packpapier war aus einem der Markert'schen Papiersäcke, einem Viertelcentnersack von sogenanntem Billetpapier, welches kaum noch ein anderer Materialist in Leipzig führte, herausgerissen. Es hatte eine Naht wie diese Säcke und war an einer Stelle geleimt, wie diese geleimt sind.

Der innere Umschlag endlich, ein Stück *Leipziger Tageblatt* Nr. 301 vom 28. October 1865, paßte genau zu einem zweiten im Comptoir von Markert noch vorhandenen Stück des *Tageblatt*. Beide Stücke bildeten ein Ganzes. Markert pflegte das *Tageblatt* zu Hause zu lesen, später wurde es in das Comptoir gebracht, in ein Fenster gelegt und gelegentlich verwendet. Der Räuber hatte ein Stück davon abgerissen, das Geld hineingewickelt, aus dem Papiersacke einen zweiten Umschlag gemacht und den Raub in dem Holzstalle des von Rummler bewohnten Hauses verborgen.

Künschner war am Abend des 2. November, als er gegen ¾ 11 Uhr abends nach Hause zurückkehrte, in dem Pissoir im Hofe gewesen und am 3. November früh zwischen 7 und 8 Uhr auf dem Abtritt. Er selbst hat dies zugestanden, auch ist er am Morgen des 3. November von dem Markthelfer Schmetzer im Hofe gesehen worden. Demnach ist er an jenem Holzstalle vorbeigegangen und hat das Packet ohne Mühe daselbst verbergen können, denn der Stall ist mit Bretern verschlagen, in denen sich Oeffnungen befinden, durch die man hindurchgreifen und ein Packet von dieser Größe auf die obern Holzschichten oder auf die sich an denselben hinziehenden Querlatten legen kann.

Daß die Entdeckung nicht früher gemacht worden, erklärt sich sehr natürlich so: die Metzig hat vom 3. bis 14. November zweimal Holz aus dem stets verschlossenen Stalle geholt, aber niemals die obern Holzschichten berührt. Dies geschah erst am 14. November, und da fiel das Packet herunter.

Künschner leugnete jede Beziehung zu dem Funde. Als ihm der Untersuchungsrichter alle die wider ihn sprechenden Verdachtsgründe vorhielt, gab er zur Antwort: ›Nein, das bin ich nicht gewesen, das Geld muß der in das Holzställchen versteckt haben, der Markert ermordet hat, um mich in die Titsche zu bringen. Anders kann ich es mir nicht denken, als daß der, welcher den Mord begangen hat, sich retten will.‹ Befragt, warum er glaube, daß der Mörder gerade ihn in die Titsche zu bringen suchen solle und warum der Mörder das Geld gerade in jenes Holzställchen gelegt haben möge, entgegnete er: ›Der Mörder muß doch erfahren haben, daß ich im Verdachte bin, und daß ich in dem Hause wohne, wo jenes Ställchen sich befindet.‹

Auf die weitere Frage, ob er gegen eine bestimmte Person einen Verdacht habe, erwiderte er: ›Ich kann gegen niemand einen solchen Verdacht aussprechen, allein jedermann sucht sich doch auf jede nur mögliche Weise zu retten.‹ Auf den Einwurf, der Mörder werde schwerlich die durch eine so blutige That errungene Beute freiwillig wieder hergeben, erfolgte die charakteristische Antwort: ›Das, was der Mörder dahin gelegt hat, ist vielleicht eine bloße Kleinigkeit; er hat vielleicht mehr genommen, wenigstens läßt sich dies denken.‹

Absurd war es, daß Künschner glauben machen wollte, der Mörder habe den Raub in das Holzställchen gesteckt, um ihn hineinzubringen. Der Verdacht des Mordes ruhte von Anfang an nur auf dem Angeschuldigten, folglich hatte niemand Ursache, den Verdacht von sich weg auf Künschner zu lenken. Hätte aber der Mörder dies gewollt, so würde er statt des Papiergeldes lieber die Uhr, die Kette und den Ring, die er nicht so leicht verwerthen konnte, preisgegeben, und ganz gewiß die Sachen an einen Ort gelegt haben, wo man sie finden mußte und nicht in einen Winkel des Holzstalles, wo sie möglicherweise sehr lange Zeit unentdeckt liegen konnten. Die Aeußerung ›jedermann sucht sich auf jede mögliche Weise zu retten‹ beweist den Entschluß Künschners, jedes Mittel für seine Rettung zu benutzen.

Mit der Antwort, ›das, was der Mörder dahin gelegt hat, ist vielleicht eine Kleinigkeit; er hat vielleicht mehr genommen‹, verrieth er sich selbst. Man hatte ihm damals noch gar nicht gesagt, wieviel der Mörder geraubt habe. Wie kam er denn auf den Gedanken, daß jene 60 Thlr. nur ein Theil des Raubes wären, wenn er nicht den Mord vollbracht hatte und, weil er der Mörder war, die Höhe der geraubten Summe kannte?«

»Man hatte indeß immer nur einen Theil der von dem Mörder geraubten Beute entdeckt und alle Anstrengungen der Gerichts- und Polizeibehörden, den Rest herbeizuschaffen, waren längere Zeit vergeblich. Auch die Bekanntmachung, daß der volle Werth des Fundes als Belohnung vergütet werden solle, führte vorläufig nicht zum Ziele.

Erst im Januar 1866 kam ein glücklicher Zufall der Justiz zu Hülfe. Der Färbereibesitzer Pausch beauftragte den Handarbeiter Döring, den schadhaften Zaun seines an der Berliner Straße gelegenen Gartengrundstückes auszubessern und damit der gelinden Witterung wegen schon am 17. Januar 1866 den Anfang zu machen.

Döring fing an zu arbeiten und fand dicht am Zaune unter Laub und Reisig verborgen, von außen durch hohes Gras verdeckt, ein Packet, welches eine Uhr, eine Kette, einen Ring, zwei Wechsel und die Summe von 180 Thlrn. 3 Sgr. 9 Pf. in Kassenscheinen, Coupons und Münzen enthielt. Die Uhr, die Kette und der Ring wurden als das Eigenthum des verstorbenen Markert recognoscirt, die Wechsel gehörten in das Markert'sche Geschäft. An der Stelle im Zaune, wo das Packet lag, zeigte sich eine Oeffnung, wahrscheinlich dadurch entstanden, daß der Mensch, welcher es verborgen, hindurchgekrochen war.

Auf dem doppelten Umschlage des Packets, einem Stück blauem Papier, wie solches im Markert'schen Geschäft geführt wurde, dem Formular eines preußischen Salzregisters, sowie auf den Wechseln und Kassenscheinen waren zahlreiche Stockflecke, ein sicherer Beweis dafür, daß die Sachen dort schon geraume Zeit gelegen hatten.

Der Mörder hatte einen Theil seines Raubes in jenem Zaune versteckt, das war außer Zweifel. Aber, wenn Künschner der Mörder war, hatte er denn die erforderliche Zeit gehabt, um seine Beute in jenem Gartenzaune zu bergen? Die Dienstmagd Neumann hatte ihn ¼ 10 Uhr in das Markert'sche Comptoir treten, der Kellner Müller hatte ihn ½ 10 das Haus verlassen sehen. Kurz nach 10 Uhr war er in die Quernsdorf'sche Restauration gekommen, gegen ½ 11 mit dem Markthelfer Troitzsche nach Hause gegangen, um ¾ 11 Uhr dort angelangt, und bis zu seiner am andern Morgen erfolgten Verhaftung hatte er seine Wohnung nicht wieder verlassen. Demnach blieb ihm nur eine halbe Stunde Zeit, von ½ 10 Uhr bis etliche Minuten nach 10 Uhr, um sich von der Mordstätte in die Berliner Straße zu begeben, das Packet daselbst zu verstecken und in die Quernsdorf'sche Restauration zu gelangen. Ueberdies hatte er das geraubte Gut in zwei Packete vertheilen und jedes doppelt einschlagen, ferner das Mordwerkzeug auf die Seite bringen und sich wenigstens so nothdürftig reinigen müssen, daß man die Blutspuren nicht auf den ersten Blick sah. Die Frist, die ihm zur Verfügung stand, war allerdings äußerst knapp, aber sie reichte zur Noth doch aus.

Die Zeugin Neumann kam, wie wir nochmals erwähnen müssen, zwischen 9 und ¼ 10 Uhr aus der Küche und bemerkte, daß Künschner in das Comptoir trat. Sie verweilte nach ihrer Angabe etwa 10 Minuten an der Hausthür, und der Mann kam nicht wieder aus dem Comptoir. Dann stieg sie die Treppen hinauf und hörte nach einer kleinen Weile den Kellner klingeln und Schinken bestellen. Der Kellner Müller erblickte den Künschner, als er diese Bestellung machte, gegen ½ 10 Uhr, bereits wieder im Pissoir. Ist es nun auch richtig, daß die Zeugen die Zeit nicht auf die Minute anzugeben im Stande sind, sich vielmehr um einige Minuten irren können, so werden wir doch nicht fehlschließen, wenn wir behaupten, daß Künschner im Comptoir höchstens 10–15 Minuten sich aufgehalten haben kann. Wir denken uns den Hergang so:

Künschner erbittet und erhält ¼ 10 Uhr Einlaß. Markert ist beschäftigt, die Kasse zu revidiren, und hat eine beträchtliche Summe Geldes auf dem Tische liegen. War der Entschluß zum Morde in der Seele Künschners noch nicht fest gewesen, so wird er es bei diesem Anblicke. Er verlangt Cigarren und Kümmel, Markert brennt eine Gaslampe im Gewölbe an, holt die Cigarren und wickelt sie ein, dann dreht er sich herum und füllt die ihm von Künschner dargereichte Flasche mit Kümmel. In diesem Moment führt der Mörder den ersten Schlag, Markert stürzt zu Boden, Künschner zerhackt ihm den Hals und das Gesicht, er entreißt ihm Uhr, Kette und Ring, rafft das offen daliegende Geld zusammen, wickelt 60 Thlr. in ein Stück vom *Leipziger Tageblatt*, welches im Fenster liegt, schlägt einen Viertelcentnersack, den er aus dem Regal nimmt und zerreißt, um das Packet, steckt den Rest seiner Beute, den er ebenfalls in Papier einschlägt, zu sich, durchwühlt das Pult, in welchem Markert früher seine Werthpapiere aufbewahrte, und verläßt sodann das Comptoir.

Wir wiederholen: Die Zeit war dem Mörder knapp zugemessen, aber sie reichte hin, denn das Cigarrenholen und das Füllen der Flasche kann höchstens 2–3 Minuten in Anspruch genommen haben, der Mord selbst war ebenfalls das Werk weniger Minuten, das Ansichnehmen und Einwickeln der Pretiosen und des Geldes sowie die flüchtige Durchsuchung des Pultes kostete nochmals einige Minuten. In 10–15 Minuten konnte die Sache indeß, wenn der Mörder mit allen Localitäten vertraut war, abgethan sein.

Nimmt man an, daß Künschner ½ 10 Uhr das Dittrich'sche Haus verlassen hat und 5 Minuten nach 10 Uhr in die Quernsdorf'sche Restauration gekommen ist, so blieben ihm 35 Minuten zur Verfügung. Um vom Dittrich'schen Hause an den Gartenzaun des Färbereibesitzers Pausch in die Berliner Straße und von dort in die Quernsdorf'sche Restauration zu gelangen, sind nach den genauesten Messungen und Ausschreitungen mit einer Secundenuhr nur 30 Minuten erforderlich, wenn man im ruhigen Spazierschritt geht. Der Mörder ist aber sicher nicht im ruhigen Tempo gegangen, sondern eilig gelaufen und hat mithin den Weg ohne Zweifel in 20 Minuten zurücklegen können. Er hatte also noch 15 Minuten, und diese genügten vollkommen, um seine Hände und sein Gesicht in der Parthe, welche an jenem Garten vorüberfließt, zu waschen, das Mordinstrument in den trüben Fluß mit schlammigem Grunde hinabzuschleudern und das Packet so oberflächlich, wie es geschehen, unter Laub und Reisig zu verbergen.

Der Mörder hatte Eile, er wußte, wieviel darauf ankam, so zeitig als möglich unter Menschen zu kommen, die ihm später bezeugen konnten, daß sie ihn schon nach 10 Uhr ein gutes Stück vom Schauplatze der That entfernt in einer Restauration beim Biere sitzend gesehen hätten. Wir möchten daher für bewiesen halten, daß die Ausführung des Mordes und des Raubes sowie das Verstecken der Beute innerhalb der dem Künschner zur Disposition stehenden Frist möglich gewesen ist.

Nun kommt aber noch hinzu: die Papiere, die man im Zaune fand, hatten, wie wir berichtet haben, Stockflecke, ein Beweis, daß sie lange gelegen. Dies harmonirt mit der Annahme, daß Künschner sie verborgen, denn er ward bereits am 3. November festgenommen und mußte folglich das Packet liegen lassen. Wäre ein anderer der Mörder und auf freiem Fuße gewesen, er würde schwerlich das Packet mit dem werthvollen Inhalte allen Unbilden der Witterung ausgesetzt gelassen und riskirt haben, daß der Regen und der Schnee den Papierumschlag zerstörten und die Kassenscheine auflösten.

Für Künschner war die Berliner Straße eine bekannte Gegend. Er passirte dieselbe, so oft er in seine Heimat ging. Auf den 13. November war die Hochzeit angesetzt, da kam er wiederum durch jene Straße und konnte ohne Aufsehen das Packet aus dem Verstecke nehmen. Der innere Umschlag war das Formular eines preußischen Salzregisters, ein Papier, welches in Sachsen im Verkehre fast gar nicht, wohl aber in Preußen gebraucht wird. Aus Preußen hatte die Braut Künschners am Tage vorher die zu ihrer Heirath nöthigen Papiere geholt und dieselben ihrem Bräutigam übergeben. Waren sie vielleicht in ein solches Formular eingeschlagen gewesen?

Die Theilung des Raubes ist nach der Lage der Dinge nicht auffallend. Den kleinern Theil, die Summe von 60 Thlrn. in Papiergeld, welches leicht zu verwerthen war, verbarg der Mörder in seiner unmittelbaren Nähe, um das Geld zur Befriedigung seiner dringendsten Bedürfnisse, zur Deckung der drückendsten Schulden zur Hand zu haben. Den größern Theil, darunter Uhr, Kette und Ring, die er in Leipzig zu verkaufen nicht wagen durfte, versteckte er so, daß er denselben bei der bevorstehenden Reise in die Heimat in Sicherheit bringen und bezüglich jenseits der Grenze versilbern konnte.

Nahm man die Berechnung des Commis Hennig als richtig an, so fehlten trotz des zweiten Fundes allerdings immer noch über 100 Thlr., und dieser Rest ist nicht herbeigeschafft worden. Allein abgesehen davon, daß ein Rechnungsfehler untergelaufen sein konnte – Markert hatte an jenem Abende die Kasse reguliren wollen, vielleicht gerade deshalb, weil sie mit den Büchern nicht stimmte – war es wenigstens möglich, daß Künschner noch ein drittes Packet gemacht und dieses wieder an einem andern Orte, etwa in einem zweiten Garten an der Berliner Straße versteckt hatte. Dieses dritte Packet war entweder nicht gefunden oder gefunden, aber nicht abgeliefert worden.

Endlich war auch der Besuch Künschners in der Quernsdorf'schen Restauration nicht ohne Bedeutung. Für gewöhnlich verkehrte er, wie uns bereits bekannt ist, nicht daselbst, vor dem 2. November war er zum letzten Male dort gewesen, als er aus seiner Heimat kam und die Berliner Straße passirt hatte. Die Löwe'sche Restauration, wo er Stammgast war, lag ihm näher und bequemer, wenn seine Angabe in Wahrheit beruhte, daß er in der Freygang'schen Destillation hatte Schnaps holen wollen und von da zu einem Glase Bier gegangen war.

Seine Erklärung, er habe sich in die Quernsdorf'sche Restauration begeben, weil man dort ein gutes Glas Bier bekomme, ist nicht recht ausreichend. Ihm schmeckte ja das Bier bei Löwe ebenfalls, und diese seine Stammkneipe lag ihm am Wege. Dagegen war die Wahl der Quernsdorf'schen Restauration sehr gut verständlich, wenn er aus der Berliner Straße kam. Dann war die Quernsdorf'sche Restauration das nächste Local, wo er hoffen durfte, einen Bekannten zu treffen und sich Alibizeugen zu verschaffen.«

»Wir stehen am Schlusse der Kette von Indicien und reca- pituliren summarisch, welche Belastungsmomente gegen Künschner vorlagen. Den Mord konnte nur ein Mensch be- gangen haben, der in dem Geschäftslocal und mit den Ge- wohnheiten Markerts bekannt war. Künschner war damit bekannt.

Der Mörder hatte nicht gewußt, daß das Pult, in welchem früher die Werthpapiere aufbewahrt wurden, mit einem an- dern vertauscht worden war und daß die Werthpapiere seit- dem im Geldschranke niedergelegt wurden. Künschner war am 1. Januar 1864 von Markert entlassen worden, der nach Ostern 1864 eingetretene Wechsel in Bezug auf den Aufbe- wahrungsort der Werthpapiere war ihm unbekannt.

Künschner war in großer Geldverlegenheit; um sich dar- aus zu retten, mußte er durchaus und zwar möglichst bald eine beträchtliche Summe herbeischaffen. Auf den Kauf- mann Markert hatte er einen speciellen Haß geworfen und vor längerer Zeit schon eine denselben bedrohende Aeuße- rung gethan. Künschner hatte sich schon vor dem 2. No- vember des Abends in der Nähe des Markert'schen Gewöl- bes lauernd herumgetrieben und einen genügenden Grund dafür nicht angeben können.

Künschner ist am Abend des 3. November nach 8 Uhr vor dem Markert'schen Gewölbe gesehen worden. Gegen ¼ 8 Uhr war er im Pissoir der Spangenberg'schen Restaura- tion, ging durch die Hausflur und in Markerts Comptoir. Ge- gen ½ 10 Uhr ist er wiederum in jenem Pissoir bemerkt wor- den und hat das Haus verlassen. Die Recognition der Zeugen ist indeß nicht völlig bestimmt. Gegen ½ 10 Uhr ist Markert ermordet worden, denn um diese Stunde hat der über ihm wohnende Conditor Kröber einen Schrei gehört; auch pfleg- te Markert das Comptoir spätestens um 10 Uhr zu verlassen.

Künschner ist am Abend des 2. November um 8 Uhr aus seiner Wohnung weggegangen und kurz nach 10 Uhr in die Quernsdorf'sche Restauration gekommen. Ueber seinen

Aufenthalt in diesen zwei Stunden hat er keine genügende Aufklärung zu geben vermocht, denn seine Angabe, er habe einen Spaziergang gemacht, ist unglaubhaft.

Künschners Kleider waren am andern Morgen mit zahlreichen Blutflecken bedeckt. Seine Angaben über die Entstehung der Blutflecke sind nicht wahr. Die Blutflecke sind genau so geartet, wie sie entstanden sein müssen, wenn Künschner den Mord vollbracht hat.

Auch ein Mordwerkzeug hat Künschner sich leicht verschaffen können. Aus einem offenen Holzställchen der Frau Franke war in der Michaeliswoche ein kleines Handbeil weggekommen. Künschners Geliebte wohnte bei der Franke, und er besuchte sie oft.

Der Mörder hatte von Markert jedenfalls Kümmel verlangt, ehe er ihn niederschlug. Denn aus der am Abend noch vollen Kümmelflasche war am andern Morgen etwas ausgeschenkt, und an der unter der Kümmelflasche stehenden Rumflasche klebte Blut.

Künschner hatte für seine Nebengesellen Schnaps und zwar Nordhäuser mitbringen sollen. Er nahm zu diesem Zwecke die Flasche mit, in welcher stets nur Nordhäuser geholt wurde. Als er ¾ 11 Uhr heimkehrte, hatte er keinen Schnaps, aber die Flasche war zerbrochen und sie roch nach Kümmel. In dem Holzställchen des Hauses, wo Künschner wohnte, ist ein Theil des Raubes versteckt und gefunden worden.

Künschner ist am Abend des 2. November gegen ¾ 11 Uhr und am Morgen des 3. November vor seiner Verhaftung in dem Hofe, wo das Holzställchen sich befindet, gewesen. Es war für ihn sehr gut möglich, das Packet durch die Latten auf die obere Holzschicht zu legen.

In einem Zaune an der Berliner Straße ist der größere Theil des Raubes aufgefunden worden. Das geraubte Gut muß dort längere Zeit gelegen haben und der Mörder verhindert gewesen sein, es in Sicherheit zu bringen.

Künschner war in der Berliner Straße bekannt. Einem Manne, der von dort kam, war die Quernsdorf'sche Restauration bequem gelegen. Künschner wurde am 3. November verhaftet und mußte deshalb die Beute liegen lassen, wohin er dieselbe in der ersten Bestürzung gelegt hatte. Die Kürze der Zeit ist kein Entlastungsmoment, denn es ist dem Mörder möglich gewesen, von ½ 10 Uhr bis nach 10 Uhr in die Berliner Straße zu gehen, den Raub zu bergen, sich nothdürftig zu reinigen und die Quernsdorf'sche Restauration zu erreichen.

Der Besuch in dieser Restauration ist verdächtig, weil Künschner dort gewöhnlich nicht verkehrte, weil ihm seine Stammkneipe, die Löwe'sche Restauration, näher lag: wenn er wirklich, wie er angibt, gegen 10 Uhr an der Freygang'schen Destillation war. Der Besuch der Quernsdorf'schen Restauration deutet daher darauf hin, daß er nicht von der Freygang'schen Destillation, sondern aus der Berliner Straße gekommen ist.

Künschners Benehmen in der Quernsdorf'schen Restauration, aber noch mehr sein Benehmen am andern Morgen, als ihm seine Mitgesellen den Mord im Scherz schuld gaben und dann das Gericht kam, spricht für sein Schuldbewußtsein.

Trotz dieser wuchtigen, ineinandergreifenden Ueberführungsbeweise leugnete der Angeschuldigte hartnäckig. Es war dem Untersuchungsrichter nicht möglich, ihn zu einem Geständnisse zu bewegen.«

»Der Staatsanwalt erhob Anklage, das Bezirksgericht in Leipzig sprach den Anklagestand aus, und am 14., 15. und 16. Mai 1866 fand vor der eben genannten Behörde ohne Zuziehung von Geschworenen, die nach der damaligen Gesetzgebung im Königreiche Sachsen überhaupt noch nicht zugezogen wurden, die Hauptverhandlung statt.

Der Zudrang des Publikums war ein ungeheurer. Nicht blos der geräumige Sitzungssaal war bis zum Erdrücken gefüllt; auch auf der Treppe standen sie Kopf an Kopf, und auf der Straße hatte sich eine zahlreiche Menschenmenge versammelt, welche mit Ungeduld darauf wartete, den ›verruchten Mörder‹, wie Künschner vom Publikum genannt wurde, zu sehen.

Den Vorsitz im Gerichtshofe führte der Gerichtsrath Gareis, die Anklage wurde vom Staatsanwalt Hofmann vertreten, die Vertheidigung hatte der Advocat Helfer übernommen.

Künschner trat mit einer gewissen Ruhe und mit für diesen Platz überraschend kaltem Blute auf. Er antwortete auf alle Fragen ziemlich schnell und doch vorsichtig. Seine Stimme war etwas belegt, sie wurde aber laut und klangvoller, wenn er seine Unschuld betheuerte. Den Blick ließ er unstet im Saale herumschweifen.

Er hielt fest an seinem Vertheidigungssystem und räumte nichts von allem ein, was für ihn belastend war. In Betreff seines Thuns und Treibens am Abend des 2. November von 8–10 wiederholte er, was er früher angegeben. Er versicherte, daß er nicht in die Nähe von Markerts Gewölbe gekommen sei und daß die Personen, die ihn dort gesehen haben wollten, sich getäuscht hätten. Die Blutspuren erklärte er wie in der Voruntersuchung. Daß in der zerbrochenen Flasche Kümmel gewesen und daß sie nach Kümmel gerochen, stellte er in Abrede. Von den Packeten im Holzstall des Rummler'schen Hauses und im Zaune an der Berliner Straße wollte er nichts wissen.

Aus den Aussagen der Zeugen und der Sachverständigen, die im wesentlichen so deponirten, wie vor dem Untersuchungsrichter, heben wir nur Folgendes heraus: Die wichtigsten Zeugen waren offenbar die, welche den Angeschuldigten am Abend des 2. November vor Markerts Gewölbe, im Pissoir und in der Hausflur gesehen haben wollten.«

Die Indizienlage war eindeutig. Die Zeugen widersprachen einander nicht. Die Beteuerungen des Angeklagten schienen aus der Not geboren und nicht die Wahrheit. »So war in der Hauptverhandlung nicht ein einziges Verdachtsmoment geschwächt oder gar widerlegt worden. Die Sache stand nicht besser, sondern schlechter für den Angeschuldigten, als die Erhebung des Belastungsbeweises beendigt war. Zu seiner Entlastung trat nur eine Person auf – seine Braut. Was sie erzählte, war eine Fabel, die sie zur Rettung ihres Verlobten ersonnen. Sie wollte am 2. November ¼ 11 Uhr abends beim Vorübergehen Licht in dem Markert'schen Gewölbe bemerkt und gesehen haben, wie das Licht unmittelbar darauf erlosch. Sie mußte den Ort beschreiben, von wo aus sie diese Wahrnehmung gemacht haben wollte, und es wurde ihr bewiesen, daß man von diesem Orte überhaupt keinen Lichtschimmer sehen konnte.

Die Zeugin behauptete ferner: gleich nach dem Verlöschen des Lichtes habe sie die Comptoirthür zuschlagen hören, ein Mann sei eiligst aus der Flur des Dittrich'schen Hauses herausgetreten, an ihr vorübergeeilt und habe vor sich hin gebrummt: ›Nun hat er was.‹ Ob gleich die Zeugin eine ganz falsche Thür als die Comptoirthür bezeichnete und obgleich der Beweis geführt wurde, daß sie von ihrem Standpunkte aus den Mann unmöglich aus der Flur des Hauses hatte heraustreten sehen können, blieb sie dennoch bei ihren Angaben stehen.

Der Staatsanwalt faßte in längerer Rede die Ergebnisse der Verhandlung zusammen und kam zu dem Schlusse, daß der Angeklagte wol das Blut an seinen Händen habe abwischen können, aber die blutige That nicht zu tilgen vermocht habe. Er beantragte, den Künschner wegen Raubmordes zum Tode zu verurtheilen.

Der Vertheidiger hatte einen überaus schweren Stand. Er betonte die Möglichkeit eines Irrthums beim Indicienbeweise und hob namentlich hervor: es sei sehr unwahrscheinlich, daß der Angeschuldigte von bis kurz nach 10 Uhr den Mord verübt, den Raub ausgeführt, einen Theil seiner Beute in der

Berliner Straße versteckt, sich gereinigt und in die Quernsdorf'sche Restauration begeben haben könne. Der Zeitraum
sei viel zu kurz gewesen, um dies zu vollbringen.

Der Gerichtshof zog sich zurück, um zu berathen, und
verkündigte sodann unter lautloser Stille des Publikums das
Urtheil, welches den Schneidergesellen Heinrich Wilhelm
Künschner des Mordes für schuldig erklärte und deshalb
zum Tode verurtheilte.

Der Inculpat bewahrte auch in diesem für ihn entsetzlichen Augenblick seine Kaltblütigkeit; er hörte den
furchtbaren Spruch, ohne ein Zeichen der Erregung an
den Tag zu legen. Der Vertheidiger wendete Berufung an
das Oberappellationsgericht in Dresden ein, und es wurde
von dieser Behörde auf den 6. August 1866 Termin zur Verhandlung anberaumt. Am 17. August wurde das Erkennt-
niß des Bezirksgerichts vom Oberappellationsgericht nach
vorausgegangenem Gehör der Staatsanwaltschaft und des
Vertheidigers bestätigt. ›Die Thatsachen und Erwägungen
greifen so eng ineinander und weisen so übereinstimmend
auf Künschner als den Thäter hin, daß jede andere Annahme der Vorwurf der Unwahrscheinlichkeit treffen müßte.
Die übrigen minder wichtigen Verdachtsmomente, als das
vorherige Umlauern des Markert'schen Geschäfts, die gegen
Markert ausgestoßene Drohung, das sonderbare Benehmen
des Angeklagten am Morgen nach der That u. s. w., vermögen nur die Ueberzeugung von der Schuld desselben zu ver-
stärken; denn kein einziges, mag man es selbst in der dem
Angeschuldigten günstigsten Weise auslegen wollen, kann
als ein Entlastungsmoment für ihn angesehen werden. Ein
Zweifel an der Thäterschaft Künschners würde eins mit der
Verwerfung des Indicienbeweises sein, da es nicht leicht
möglich sein dürfte, durch Judicien besser und vollkomme-
ner als hier geschehen einen Angeschuldigten seiner Schuld
zu überführen.‹ Zugleich erging der Befehl, den König von
Tag und Stunde der Hinrichtung in Kenntniß zu setzen.«

Die Vollstreckung des Urteils »wurde auf den 18. December früh 8 Uhr anberaumt«.

»Scharfrichter Brand aus Pfaffroda bei Saida legt die Hand an Künschners Arm und führt gemeinsam mit dem Gehilfen den Verurtheilten auf das Blutgerüst. Oben angekommen ziehen sie ihm Rock und Weste aus, so daß er nur mit Stiefeln, Beinkleidern und dem am Hals etwas aufgeschlagenen Hemd bekleidet ist. Künschner wird gegen das aufrecht stehende Bret der Guillotine gestellt … Kopf und Hals dem Publicum zugewendet … beide Männer schnallen ihn daran fest. In dieser Stellung erhebt er die Stimme und spricht mit ruhigem Tone, deutlich und vernehmbar: ›Meine Herren, ich bin kein Mörder; aber hier stehen meine Mörder.‹

Die Scharfrichter kippen das Bret vornüber, so daß der Verurtheilte auf dem Bauche liegt … Das Bret wird etwas vorwärts geschoben … Ein Augenblick noch … doch was ist das? Tönt es nicht von der Straße her wie dumpfes einstimmiges Rufen?

Alles stutzt.

Der Scharfrichter hält inne in seiner blutigen Arbeit, senkt aber, als nichts weiter erfolgte, das Fallbret von neuem. Künschner schwebt am Rande des Todes. Eben wollen die Männer auf dem Schaffot ihr Werk vollenden, als man deutlich rufen hört: ›Halt! Halt!‹

Wieder lauscht alles und blickt in athemloser Spannung nach dem Eingange … auch Künschner erhebt sein stark geröthetes Gesicht und starrt offenen Mundes dorthin. Doch niemand zeigt sich; nur undeutliches Murmeln ist zu vernehmen. Da tritt der Bezirksgerichtsdirector Dr. Lucius als Mitglied des Gerichtshofes hervor und sagt zum Scharfrichter: ›Warum zögern Sie? Erfüllen Sie Ihre Pflicht!‹ Der Scharfrichter senkt das Fallbret, um den Kopf unter das Fallbeil zu bringen …

Aber in demselben Augenblick erschallt der durchdringende Ruf: ›Halt! Gnade!‹ aus hunderten von Kehlen nochmals. Der Scharfrichter hält wiederum inne. Künschner bietet einen entsetzlichen Anblick dar. Auf dem Brete festgeschnallt reckt er den Hals soweit als möglich empor und starrt mit stieren blutunterlaufenen Augen nach dem Eingange. Ein Diener stürzt in den Hof mit einem weißen Blatt Papier in der Hand. Dr. Lucius nimmt und entfaltet es … Tiefe Stille ringsum! … Sein Athemzug wird hörbar.

Dr Lucius spricht: ›Ich theile dem Publicum und insbesondere den Mitgliedern des Gerichtshofes mit, daß ich von Sr. Majestät dem König folgende Depesche empfange: *Execution bis auf Weiteres aufzuschieben. Näheres brieflich von Dresden. Johann.*‹

Eine Secunde später und das Urtheil war vollstreckt. An der guten Lunge des Boten hatte ein Menschenleben gehangen.«

Der Scharfrichter »schnallte hierauf den Verurtheilten los und gab ihm seine Kleider zurück. Künschner äußerte weder ein Wort des Dankes noch der Freude, kaltblütig zog er Weste und Rock an, kaltblütig stieg er vom Schaffot herunter, kaltblütig ließ er sich in das Gefängniß zurückführen.

Die Zuschauer verhielten sich schweigend, auch die Begnadigung wurde mit tiefem Schweigen angehört, denn für diesen hartgesottenen Verbrecher regte sich kein Mitleid, was doch sonst in solchen Augenblicken selten versagt zu werden pflegt.

Die Menge vor dem Thore war in äußerster Spannung, ob die Depesche aus Berlin, wo sich der König damalig befand, noch rechtzeitig gekommen sei. Als der Eingang geöffnet wurde, ergoß sie sich wie ein reißender Strom in den Hof und betrachtete mit Neugier und mit Schauder die Guillotine, welcher ihr Opfer entrissen war.«

Nachdem sich der Gerichtshof entfernt hatte, besteigt das »Publicum das Schaffot, um die Todesmaschine in der

Nähe zu betrachten. Der Scharfrichter löst das Fallschwert und erklärt den Mechanismus. Seine Knechte tragen den leeren Kasten hinab, welcher zur Aufnahme des Leichnams bestimmt gewesen war. Zwei Stunden nach der Sistirung des Execution war das Blutgerüst wieder abgebrochen und wurde der Eisenbahn übergeben, um nach Waldheim zurückgeschafft zu werden.«

»Als Künschner vom Schaffot wieder in seine Zelle zurückgekehrt war, verzehrte er die von ihm zurückgelassene Hälfte seines Butterbrotes mit gutem Appetit und frug den Inspector, ob er die angerauchte Cigarre nicht zu Ende rauchen dürfe.

Am Weihnachtsheiligenabend wurde dem Künschner eröffnet, daß der König ihn zu lebenslänglicher Zuchthausstrafe begnadigt habe. Auch diese Nachricht ließ ihn gleichgültig. Am 29. December 1866 wurde er in das Zuchthaus nach Waldheim eingeliefert.«

Auch im Zuchthause hat Heinrich Wilhelm Künschner »ein Geständniß nicht abgelegt, wohl aber Ende des Jahres 1867 mit einem zweiten Gefangenen einen sehr kühnen Versuch gemacht auszubrechen. Mit Hülfe von ausgehobenen Ofenrohren hatten sie die Gitterstäbe vor den Fenstern fast ganz durchgefeilt, als ihr Vorhaben entdeckt und sie in festen Gewahrsam gebracht wurden.«

»Künschner ist ein Mensch, der das Interesse des Seelenkundigen in hohem Grade erregen muß. Nach den Mittheilungen des Geistlichen und des Gefängnißinspectors, die ihn längere Zeit beobachten konnten, benahm er sich von dem Eintritt in das Gefängniß bis zu dem Gange auf das Schaffot consequent in derselben Weise. Immer ruhig, kalt, gleichgültig und verschlossen, mitunter ein Ausbruch der Roheit, etlichemal Momente einer erheuchelten Rührung. Freiwillig redete er keinen Menschen an, auch den Mitgefangenen nicht, der nach der Hauptverhandlung seine Zelle theilte. Wenn er gefragt wurde, antwortete er kurz und bündig. Er überlegte, was er sagte, hatte er aber einmal etwas gesagt, so blieb er fest und trotzig dabei, auch wenn das Gegentheil auf das bestimmteste nachgewiesen wurde.

Gegen den Zuspruch des Geistlichen zeigte er sich unempfänglich. Er weigerte sich nicht, über religiöse Dinge mit sich reden zu lassen, aber er zeigte nur wenig Verständniß dafür. Auch seinem Beichtvater gegenüber erging er sich in frechen Reden. So sagte er einmal: ›Wenn sie mich nicht bald schlachten, nehme ich mir das Leben. Ich bin wahrscheinlich noch nicht fett genug, aber ich habe dem Gericht eine Frist gesetzt.‹ Und ein anderes Mal: ›Wenn ich geschlachtet werde, soll der Staatsanwalt die größte Wurst erhalten.‹ Bei so gemeinen Reden, sah sich der Geistliche genöthigt, die Gefängnißbesuche eine Zeit lang einzustellen. Künschner sagte darauf: ›Bei den Menschen bin ich ein Mörder, bei Gott nicht. Ich bin der erste, der in Leipzig unschuldig hingerichtet wird.‹«

»An der Schuld Künschners kann man vernünftiger Weise nicht zweifeln. Sein Betragen ist auch nicht das eines unschuldigen Mannes, sondern das eines innerlich rohen, verwilderten Menschen. Solche Verbrecher betrachten sich gewissermaßen als im Kampfe mit der Justiz stehend und suchen, wie wir schon an mehrern Exempeln nachgewiesen haben, eine Ehre darin, ihr Geheimniß mit in das Grab zu nehmen und ihre Lüge bis zum letzten Augenblicke festzuhalten, weil sie ihren Richtern, in denen sie ihre Feinde sehen, den Triumph nicht gönnen, sie zum Bekenntniß gebracht zu haben. Künschner gehört zu dieser Klasse. Wir bezweifeln, ob das Zuchthaus sich stärker als das Schaffot beweisen, ob es ihn zur Buße und zur Reue führen wird.«

Die frühe Merkel

Eine Illustration zur Geschichte der deutschen Arbeiterbewegung

»Dem Legen der Schienen gehen enorme Arbeiten voraus. Die Erdwerke, 70.000 Kubikyard per Meile, würden einen Raum von 550 Millionen Kubikyard füllen. Aufgeworfen in der Form einer Pyramide, betrüge ihr Durchmesser eine halbe (englische) Meile, ihre Höhe anderthalb Meilen – ein Erdberg, woneben die St. Paulskirche zum Liliputaner zusammenschrumpft. *Der ewige Weg*, wie die Engländer die Eisenbahn taufen, ist keineswegs unsterblich. Er unterliegt einem steten Stoffwechsel. Das Eisen, das durch Verschleiß, Oxydation und Neufabrikation fortwährend verlorengeht, erheischt immer frischen Ersatz. Aber die Schiene bildet den Knochen und bedarf viel langsamerer Reproduktion als das Holzwerk, das die Schiene stützt. Der hölzerne Apparat des Netzes erheischt eine jährliche Neuzufuhr von 300.000 Bäumen, die einen Raum von 6.000 Acres Land zum Wachstum brauchen. Wenn vollendet, bedarf die Eisenbahn zu ihrer Exploitation der Lokomotiven, Kohlen, Wasser, Eisenbahnwagen, endlich des Arbeiterpersonals.«

Karl Marx: »Statistische Betrachtungen
über das Eisenbahnwesen«

Leipzig war/ist Universitäts-, Musik- und Buchstadt, zweite Hauptstadt Sachsens mit wichtiger Wirtschafts- und Finanzfunktion und vor allem Handels- und Messestadt. Sie erlebte ihr rasantes Wachstum in Zeiten der industriellen Revolution. Wohnten 1825 in dieser Stadt 30.000 Menschen, überschritt ihre Zahl 1864 bereits die 100.000, und 1925 waren es 720.000. Leipzig war die drittgrößte Metropole Deutschlands, konkurrierte mit München und Köln. Neue Stadtviertel entstanden und Industrieanlagen. »Nach dem Aufstieg zur kapitalistischen Großstadt mit bedeutender Industrie wurden im Wirtschaftsleben der Stadt die Metall verarbeitende Industrie und der Maschinenbau führend, daneben behielt das polygraphische Gewerbe weiterhin große Bedeutung, gefolgt von der Textilindustrie, dem Baugewerbe, der chemischen Industrie und später dem elektrotechnisch-feinmechanischen Gewerbe.«

Menschen und Güter wurden im beginnenden Industriezeitalter beweglicher. Straßen erhielten feste Oberfläche. Es entstand der Plan eines Elster-Saale-Kanals, der die Stadt mit den Weltmeeren verbunden hätte. Eine bis heute unausgeführte Privatinitiative. Privatinitiative auch die erste Ferneisenbahn auf dem europäischen Kontinent. Sie fuhr 1839 von Leipzig nach Dresden. 1840 unterzeichneten die Regierungen Sachsen, Sachsen-Altenburgs und Bayerns einen Staatsvertrag, aufgrund dessen die *Sächsisch-Bayerische Eisenbahn-Compagnie* gegründet wurde. Im Südosten vor den damaligen Stadtgrenzen wurde nach Plänen von Eduard Pötzsch Leipzigs *Bayerischer Bahnhof* errichtet. Schon am 19. September 1842 fuhr von da ein erster Zug gen Altenburg. Das Bahnhofsgebäude harrte zum Termin noch seiner Fertigstellung. »Wir erblicken zur Rechten der fünf aus der Halle auslaufenden Gleise die Maschinengebäude, und zwar
- das Gebäude zum Heizen und Reinigen der Locomotiven,
- das eigentliche Maschinengebäude für die Hülfsmaschinen,

- das Gebäude zur Reparatur der Locomotiven,
- die Wagenreparaturanstalt,
- das Schmiedegebäude,
- das Gebäude der Aufbewahrung von Coaks und sonstigen Baumaterialien.

Von besonderer Wichtigkeit ist die zweckmäßige Zusammenstellung dieser Gebäude.« Neben dem Bahnhofsportikus, durch den die Lokomotiven zum Rangieren fahren, »präsentiert sich zur Linken G) die Güterhalle, zur Rechten H) die Wagenhalle. Während man sich auf anderen Bahnhöfen allein der Personenhalle zur Unterbringung der Personenwagen zur Sicherung gegen Wind und Wetter bedient, hat man es auf diesem, und mit Recht, vorgezogen, eine besondere Wagenhalle zu errichten. Die Güterhalle hat man bis zur Vollendung der I) Personenhalle einstweilig dem Personenverkehr eingeräumt.« Dieser *Bayerische Bahnhof* war bis zur Inbetriebnahme des Leipziger Hauptbahnhofes der meistfrequentierte Eisenbahnknotenpunkt Deutschlands. Mehr als eine Million Passagiere stiegen jährlich ein und aus den Zügen. Im September 1874 auch Karl Marx mit seiner Tochter Eleanor. Sie nächtigten nahbei im *Hotel Hochstein.*

Im Umfeld dieser »Kathedrale des technischen Fortschritts« entstanden Straßen, Plätze und weitere Verkehrsanbindungen. Gen Süden zog man eine Magistrale und benannte sie *Bayerische Straße.* Sie führt von Bahnhof und neuer Peterskirche vorbei an Gericht und Gefängnis zu den Industrieprojekten Schlachthof und der Gasanstalt. Beeindruckende Bauten mit Superlativcharakter. »Man gehe abends, wenn die Dämmerung alle Gestaltungen vereinfacht, am Rande der Großstadt! Straßen Villen, Kirchen, Schulen und dazwischen ein formloser Koloß, die Gasanstalt. Dieses Riesentier läßt mich nicht los. Die einen nennen es häßlich, die anderen sagen, es sei jenseits von Schön und Unschön; auch ich kann nicht behaupten, daß es in seinem heutigen Bestand schön sei, aber es hat einige Linien, die mir wertvoller sind als alle Wiederholungen alter Renaissancemotive und als alle schön entworfene Neugotik. Das, was ich sehe, ist noch kein Stil, aber es sind Linien, die keiner der bisherigen Stile hat. Große Möglichkeiten ahnt das Auge, wenn es leise und zaghaft den Koloß umstreicht. Ein neues Gefühl für Konstruktionsbau stellt sich ein, so neu, daß es Zeit braucht, sich einzuleben. Man mute uns zu, die Wahrheit neu zu sehen, und es wird nicht zwei Jahrzehnte dauern, bis wir die Wahrheit schön finden!«

Diese Entwicklung wurde »begleitet vom Aufstieg der neuzeitlichen Marktgesellschaft, von Liberalisierungs- und Individualisierungstendenzen, von einer soziostrukturellen Ausdifferenzierung der Gesellschaft, von Bevölkerungswachstum und Mobilisierung sowie von der entstehenden Arbeiterbewegung.« Zeiten im Umbruch.

Unter der Führung Ferdinand Lassalles konstituierte sich am 23. Mai 1863 in Leipzig der *Allgemeine Deutsche Arbeiterverein* ADAV. »Der Arbeiterstand muß sich als selbständige politische Partei konstituieren und das allgemeine, gleiche und direkte Wahlrecht zu dem prinzipiellen Losungswort und Banner dieser Partei machen. Die Vertretung des Arbeiterstandes in den gesetzgebenden Körper Deutschlands – dies ist es allein, was in politischer Hinsicht seine legitimen Interessen befriedigen kann.« Die SPD feiert dies alljährlich als ihren Gründungsakt. Louise Otto-Peters, Auguste Schmidt, Henriette Goldschmidt initiierten am 18. Oktober 1865 den *Leipziger Frauenbildungsverein* mit der »Aufgabe, für die erhöhte Bildung des weiblichen Geschlechts und die Befreiung der weiblichen Arbeit von allen ihrer Entfaltung entgegenstehenden Hindernissen mit vereinten Kräften zu wirken«.

Das Viertel der Leipziger Südvorstadt expandierte aller Seiten. Bald wohnten mehr als 40.000 in den Häusern. Oft hausten mehr als zehn Personen in drei Zimmern. Dazu kamen Schlaf- und Kostgänger, die die Betten in unbelegten Stunden nutzten. Die Verhältnisse waren beengt und belasteten. Arbeiter und ihre Familien lebten in »halboffenen Strukturen, in denen sich keine Intimsphäre herausbilden konnte«.

»Der tiefste Niederschlag der relativen Überbevölkerung endlich behaust die Sphäre der *Armut*. Abgesehen von Vagabunden, Verbrechern, Prostituierten, kurz dem eigentlichen Lumpenproletariat, besteht diese Gesellschaftsschicht aus drei Kategorien. Erstens Arbeitsfähige. Zweitens: Waisen- und *Armenkinder*. Drittens: Verkommene, Verlumpte, Arbeitsunfähige. Es sind namentlich Individuen, die an ihrer durch die Teilung der Arbeit verursachten Unbeweglichkeit untergehen, solche, die über das Normalalter eines Arbeiters hinaus leben, endlich die Opfer der Industrie, Verstümmelte, *chronisch Kranke*, Witwen etc. Die *Armutsbevölkerung* bildet das Invalidenhaus der aktiven Arbeiterarmee und das tote Gewicht der industriellen Reservearmee.«

Karl Marx: Das Kapital

»Über die am 29. Januar 1876 in hiesiger Stadt verübte Mordthat entnehmen wir den *Leipziger Nachrichten* die nachstehenden Einzelheiten. Eine schaudererregende That ist am 29. Jan. (1876) Vormittag in dem Hause *Bayerische Straße* 8b, IV Etage, verübt worden. Dort fand man die daselbst dienende 23jährige Therese Emilie Merkel aus Eilenburg mit zerschmettertem Kopfe todt vor einem Bette liegend auf. Nach sofort angestellten Erörterungen unterliegt es keinem Zweifel, daß hier ein Raubmord vorliegt, denn man fand, daß mehrere Koffer erbrochen und daraus eine Summe von ca. 500 Mark gestohlen worden sind. Außerdem hat der Mörder noch eine Uhr und einen vollständigen Anzug gestohlen und seine alten Kleider am Ort der That zurückgelassen. Jedenfalls hat das Mädchen, welches zuvor eine kurze Zeit aus dem Hause abwesend gewesen, den Dieb auf der That ertappt, und dieser ruchlose Mensch hat das Mädchen mit einem Hammer, den man noch bei der Leiche vorfand, auf den Kopf geschlagen. Der erste Schlag an die Stirn ist wahrscheinlich nicht tödtlich gewesen, und hat dieser Unmensch noch einen zweiten, wuchtigeren Hieb gegen das Mädchen geführt und demselben die Hirnschale des Hinterkopfes eingeschlagen. Die Recherchen nach dem Raubmörder, von welchem im ganzen Hause niemand eine Wahrnehmung gemacht hat, werden eifrig fortgesetzt; hoffentlich gelingt es bald, denselben der wohlverdienten Strafe zuführen zu können.

Von anderer Seite erhalten wir über das vorstehend geschilderte Verbrechen noch folgende ergänzende Mittheilungen, die uns als durchaus zuverlässig bezeichnet werden: in der vierten Etage des Hauses Nr. 8b der *Bayerischen Straße* wohnt der Colporteur mit Familie, bei dem gleichzeitig vier Schlafburschen einquartirt sind. Einer derselben, der Dachpappenarbeiter Karl Dittmar, der bereits früher eine mehrjährige Zuchthausstrafe verbüßt hat, ist nun stark verdächtig, der Mörder der unglücklichen Merkel zu sein. Man vermuthet, daß Dittmar, der sich früh mit seinen übrigen Schlafgenossen aus dem Logis entfernt, um sich auf Arbeit zu begeben, bald darauf und nachdem er mit Sicherheit voraussetzen konnte, daß auch die Müller'schen Eheleute inzwischen ihren Berufsgeschäften nachgegangen waren, sich wieder nach seiner Wohnung begeben hat, um hier zunächst den Secretair der Müller'schen Familie zu erbrechen, daraus eine Geldsumme von nahe 400 Mark zu entwenden und sich dann in gleicher Weise an den Koffern seiner Schlafgenossen zu bereichern. Hierbei scheint er von dem Müller'schen Dienstmädchen überrascht worden und kurz entschlossen auf die letztere mit einem Hammer eingedrungen zu sein. Das erschrockene Mädchen hat sich jedenfalls aus der Schlafstube, wo der erwähnte Koffer gestanden, nach der anstoßenden Wohnstube flüchten wollen, ist aber auf halbem Wege von dem Verbrecher eingeholt und mit einem wuchtigem Hammerhiebe niedergestreckt worden. Ein zweiter fürchterlicher Hieb, der die Schädeldecke zertrümmerte, hat dann die grausame That vollendet. Der Mörder hat hierauf seine Sachen gewechselt, um diese nicht zum stillen Verräther werden zu lassen, da das Blut weit herum im Zimmer gespritzt ist, und sich mit seinem Raube, den er aus den erbrochenen Koffern noch vervollständigt, entfernt, ohne bis jetzt eine greifbare Spur zu hinterlassen.

Die Aufhebung der Leiche des unglücklichen Mädchens erfolgte am gestrigen Nachmittag durch die hiesige königl. Staatsanwaltschaft. Das bedauernswerthe Geschöpf war an einem der beiden in der Wohnstube stehenden Betten niedergesunken und lag mit dem Gesichte auf den Dielen in einer mächtigen Blutlache; den Hammer hatte der Mörder seinem Opfer auf den Rücken gelegt und dann Betten über die Leiche geworfen, die nur mit grauenhaft zerschmettertem Kopf aus dieser Umhüllung ragte. Selbstverständlich ist die Aufregung über diesen am hellen lichten Tage verübten Raubmord eine außerordentliche.

Eine weitere Nachricht bringt Folgendes: Der in der Wohnung des Colporteurs Müller in der *Bayerischen Straße* 8b in der 4. Etage am Sonnabend verübte Raubmord ist, wie anzunehmen ist, von dem hiesigen, 23 Jahre alten Dachdecker Karl Moritz Dittmar begangen worden. Der Dittmar, welcher übrigens schon wegen Einbruchsdiebstahls einige Jahre in Waldheim verbüßte, hat mit noch drei Handwerkern seit einigen Wochen daselbst in Schlafstelle gewohnt und ist daher genau mit der Oertlichkeit und den Verhältnissen seiner Wirthsleute vertraut gewesen. Da derselbe in der letzten Zeit arbeitslos war, mangelte es ihm an den nöthigen Mitteln, seinen Unterhalt zu bestreiten. Er faßte daher den Entschluß, sich auf gewaltsame Weise dieselben zu verschaffen, und benutzte am vergangenem Sonnabend dazu die Zeit, wo sein Wirth und dessen Ehefrau die Austragung von Zeitungsblättern besorgten und die kurze Abwesenheit des Dienstmädchens, welches ebenfalls eine Partie Zeitungen wegtrug, jedoch nach etwa einer halben Stunde schon wieder zu den allein im Logis zurückgelassenen Kindern zurückkehrte. Während dieser Zeit hat der Dittmar die Koffer seiner Schlafkollegen und den Secretair seines Wirthes erbrochen, ca. 500 Mark daraus geraubt und sich auch in den Besitz eines Anzuges von einem seiner Schlafkollegen gesetzt. In dieser Beschäftigung ist er jedenfalls von dem hinzukommenden Dienstmädchen gestört worden und hat dieselbe mit einem Hammer durch Schläge auf den Kopf ermordet und dann das Weite gesucht. Das erschlagene Dienstmädchen heißt Therese Emilie Merkel und ist 1853 in Eilenburg geboren.

Dittmar hat seine Sachen in dem Logis zurückgelassen, ist in dem geraubten Anzuge – dunkelgrau klein carrirter Rock, etwas hellere Hosen und Weste, aber auch klein carrirt, schwarzem hohen Hut – in eine in der Nürnberger Straße gelegene Barbierstube gegangen, hat sich den kurzen Vollbart abnehmen lassen und ist seit dieser Zeit nicht wieder in Leipzig gesehen worden.

Am 31. Januar Abends traf bei der Staatsanwaltschaft in Leipzig die telegraphische Nachricht ein, daß der Mörder Dittmar in Eilenburg verhaftet und sich in der Nacht vom Sonntag zum Montag in der Gefängnißzelle durch Erhängen das Leben genommen habe. Dittmar hat am Sonnabend Nachmittag planlos den Weg nach Eilenburg eingeschlagen, ist hinter Taucha mit einem Knechte, welcher Stroh nach Eilenburg geladen gehabt, gefahren, in allen an der Chaussee gelegenen Gasthäusern eingekehrt, hat den und noch andere Fuhrknechte, welche hinzugekommen sind, feilgehalten und in einem Eilenburger Gasthofe dem Knechte, mit dem er nach Eilenburg gefahren, eine Pferdedecke entwendet.

Der letztere Umstand und die auffälligen Geldausgaben haben die Leute stutzig gemacht, man ist ihm rasch nachgeeilt und hat ihn hinter einem Pferdestalle in demselben Gasthause wieder erlangt. Daraufhin ist ein Gendarm herbeigeholt worden, welcher ihn verhaftete und einsteckte. Da die Nachricht so spät hier anlangte, ist zu vermuthen, daß man in Eilenburg erst daran gedacht, den Mörder zu haben, als er nicht mehr am Leben gewesen ist.«

Eisenbergisches Nachrichtenblatt, 4. Februar 1876

»Ein Teil der Bourgeoisie wünscht, den sozialen Mißständen abzuhelfen, um den Bestand der bürgerlichen Gesellschaft zu sichern … Eine zweite, weniger systematische, nur mehr praktische Form dieses Sozialismus sucht der Arbeiterklasse jede revolutionäre Bewegung zu verleiden, durch den Nachweis, wie nicht diese oder jene politische Veränderung, sondern nur eine Veränderung der materiellen Lebensverhältnisse, der ökonomischen Verhältnisse ihr von Nutzen sein könne. Unter Veränderung der materiellen Lebensverhältnisse versteht dieser Sozialismus aber keineswegs Abschaffung der bürgerlichen Produktionsverhältnisse, die nur auf revolutionärem Wege möglich ist, sondern administrative Verbesserungen, die auf dem Boden dieser Produktionsverhältnisse vor sich gehen, also an dem Verhältnis von Kapital und Lohnarbeit nichts ändern, sondern im besten Fall der Bourgeoisie die Kosten ihrer Herrschaft vermindern und ihren Staatshaushalt vereinfachen.«

Marx/Engels: *Manifest der Kommunistischen Partei*

Das Viertel um Bayerischen Platz und Straße gehört(e) architektonisch wie gesellschaftlich zu den abwechslungsreichen in der großen Stadt. Der Größenwahnsinn des Faschismus plante den Abriß des dienstältesten gemauerten Bahnhofs deutscher Lande zugunsten einer Prachtpromenade. Der Ausbruch des Krieges hinderte die Umsetzung dieses Planes. Der Bombenangriff am 3. Dezember 1943 zerstörte die linksseitige Bebauung des Bahnhofsgeländes. Der Sozialismus beschloß, die stehenden Reste endgültig zu planieren. Findige Architekturbewahrer widersprachen: Denn neben Karl Marx hat auch Genosse Wladimir Iljitsch Lenin hier an den Gleisen gestanden und war durch die Hallen gewandelt. Solch Denkmal der Arbeiterbewegung darf man nicht schleifen! Verkehrstechnisch hatte der Bahnhof seine Bedeutung verloren. In den 1980ern stellte man den Zugbetrieb ein. Mit der Planung eines City-Tunnels erhielt er neue Bedeutung. Seit 2013 stoppt hier die S-Bahn unterirdisch. Die angrenzende Fläche wird für den Bahnbetrieb nicht mehr benötigt. »Das Areal des *Bayerischen Bahnhofs* rückte damit aus der bisherigen Randlage heraus und bietet mit seiner hervorragenden Verkehrsanbindung Potentiale für ein hochwertiges städtebauliches Bindeglied zwischen Südvorstadt und Straße des 18. Oktober/Alte Messe. Herzstück soll ein großzügiger Stadtpark werden.«

Die Sozialstruktur dieses Bahnhofsviertels ist Leipzig typisch: lebendig, jung, gesellschaftsfähig. Studenten leben in Wohngemeinschaften. Einzelhandel hat sich erhalten. Alte trotzten zeitgemäßer Renovierung. Heute beherbergen die erhaltenen rechten Güter- und Schalterhallen des *Bayerischen Bahnhofs* ein Restaurant, in dem man Gose braut. Ein Bier, das Leipzig typisch. Leitspruch: *In vollen Zügen genießen!* Die *Bayerische Straße* trägt seit 1. August 1945 den Namen des hier einst wohnenden (in No. 150) ermordeten antifaschistischen Widerstandskämpfers Arthur Hoffmann. Das Haus 8b, wo im 4. Geschoss Karl Dittmar die junge Merkel erschlug, ist Kriegsverlust. Das *Hotel Hochstein*, in dem Karl Marx ehedem nächtigte, entfernte die Gedenkplakette und hing sie (nach Protesten) wieder hin. Nunmehr firmiert es unter *Hotel am Bayerischen Bahnhof*. In der Druckerei Otto Wigand, *Roßplatz 3a*, fertigte man 1867 die Erstausgabe der *Kritik der politischen Ökonomie – Das Kapital*. In den hiesigen Internaten der Karl-Marx-Universität hatte Angela Merkel in ihren Studienzeiten Schlafstatt: *Straße des 18. Oktober* No. 10a.

»Daß Menschen nicht an ihre Grenzen kommen konnten, das war das, worunter ich am meisten gelitten habe. Es ist ernüchternd, wenn man an seine eigenen Grenzen kommt, aber es ist natürlich noch ernüchternder und führt zum Fatalismus, wenn man nie an seine eigenen Grenzen gehen darf.«

Angela Merkel: »Dankesrede zur Verleihung der
Ehrendoktorwürde der Universität Leipzig«

Angebot: Mords-Memoiren

Ein Kriminalstück in dreizehn Briefen

I. Act

In übergroßen Lettern ließ die Polizei in der *Leipziger Abendzeitung* am 17. Dezember 1906 mitteilen:

»Mordversuch und Raub – 500 Mark Belohnung!

Heute – Montag – früh kurz vor 9 Uhr wurde der Geldbriefträger Rübner in dem Grundstücke Nr. 11/13 an der Nikolaistraße – Ecke des Schuhmachergäßchens – überfallen, schwer verletzt und beraubt. Der Täter kam dem Briefträger auf dem Treppenabsatz zwischen dem 1. und 2. Stockwerk (das Haus hat über dem Erdgeschoß noch einen Zwischenstock) von oben entgegen, grüßte, ging an ihm vorbei, drehte sich dann um und versetzte dem Briefträger mehrere Schläge mit einem schweren scharfkantigem Instrument über den Kopf. Der Briefträger wurde durch die Schläge, deren einer einen Schädelbruch zur Folge hatte, zunächst betäubt, kam aber nach kurzer Zeit wieder zu sich und vermißte nun

– seine beiden Amtstaschen,
– eine Umhängetasche von schwarzem Leder mit Bügel und
– eine gewöhnliche größere Briefträgertasche zum Umschnallen von schwarzem Leder
– nebst deren Inhalt.

Die Geldtasche enthielt, soweit sich bisher feststellen ließ, beim Abgange des Briefträgers von der Post, 10 Minuten nach 8 Uhr, gegen 7.000 Mk. in barem Gelde und zwar:

- 65 Einhundertmarknoten, 1.200 Mk. in Gold und 1.400 Mk. in Silber.

Die Briefträgertasche enthielt Briefe und Postanweisungen, darunter:

- 1 Geldbrief über 700 Mk. adressiert an Spediteur Freygang in der Nikolaistraße,
- 1 Geldbrief über 500 Mk. adressiert an Rauchwarenhändler Holger,
- 2 Postanweisungen über je 500 Mk. an Rechtsanwalt Gänzel und
- 1 Postanweisung über 5 Mk. an Frau Scherber, beide in der Nikolaistraße 11/13.

Der Täter wird von dem Verletzten folgendermaßen beschrieben:

25–28 Jahre alt, von kleiner, untersetzter Gestalt, mit kleinem dunklen Schnurrbart, bekleidet mit dunklem Überzieher und einem schwarzen, steifen Filzhut. Der Täter trug eine schwarze Mappe unter seinem Arm und hat dem Verletzten nicht den Eindruck eines heruntergekommenen, sondern eines ordentlich gekleideten Menschen gemacht.

Von Seiten der kaiserlichen Oberpostdirektion wird auf die Ermittlung und Ergreifung des Täters und auf die Wiedererlangung der geraubten Gelder die obige Belohnung ausgesetzt. Alle auf die Sache Bezug habenden Wahrnehmungen bitten wir umgehend unserer Kriminal-Abteilung Wächterstraße 5, Erdgeschoß mitzuteilen.

Leipzig, den 17. Dezember 1906

Das Polizeiamt der Stadt Leipzig«

Die Ermittlungen erweisen sich als schwierig. Ansatzpunkte haben die Ermittler keine. Wie üblich geht man vor: Vorbestrafte werden kontrolliert, Passanten und Händler befragt, Alibis von Hausbewohnern, Besuchern und Klienten überprüft. Heiße Spuren können die Ermittler nicht verfolgen.

Aber ein Hinweis verspricht Erfolg, so bittet die Polizei im Überfall auf Rübner erneut um die Mithilfe der Bevölkerung.

»25. Dezember 1906
Unter Bezugnahme auf die am 17. Dezember 1906 seitens des Polizeiamtes der Stadt Leipzig erlassene Bekanntmachung Mordversuch und Raub an dem Geldbriefträger Rübner betr. wird weiter noch bekanntgegeben, daß der Auslieferer der an die verw. Sperber in Leipzig, Nikolaistraße 11/13 gerichteten Postanweisung, die am 17. Dezember 1906 vorm. zur Bestellung gelangen sollte, hat nicht ermittelt werden können. Es besteht daher dringender Verdacht, daß der Täter selbst die 5 Mark eingezahlt hat, um den Geldbriefträger auf jeden Fall zum Betreten des bezeichneten Grundstücks zu veranlassen. Dieser Verdacht ist umso begründeter, als bereits am 13. Dezember 1906, abends 7 Uhr 55 Minuten, beim Postamt 1 in Leipzig eine Postanweisung über 3 Mark 50 Pfg. an Rechtsanwalt Gänzel, der seine Expedition ebenfalls in der 2. Etage des fraglichen Grundstücks hat, eingeliefert und auf derselben als Absender eine Person bezeichnet worden ist – Emilie Zehler, Reudnitz, Feldstraße 7 – die weder dem genannten Rechtsanwalt noch überhaupt jemals in Leipzig gemeldet oder wohnhaft gewesen ist.

Alle Wahrnehmungen, die zur Ermittlung des Täters, der sich namentlich am Morgen des 14. und 17. Dezember 1906 in der Nähe des fraglichen Grundstücks aufgehalten haben dürfte, oder zur Ermittlung des Auslieferers oder des Schreibers der Postanweisungen dienen könnten, wollte man unverzüglich der Kriminalabteilung des Polizeiamtes oder der unterzeichneten Staatsanwaltschaft zu den Akten StA IV. 459/06 mitteilen.

Auf Ermittlung und Ergreifung des Täters und auf die Wiedererlangung des geraubten Geldes – etwa 8.050 Mark – hat die Kaiserliche Oberpostdirektion zu Leipzig obige Belohnung ausgesetzt.«

Die fraglichen an Rechtsanwalt Gänzel sowie die Witwe Sperber gerichteten Postanweisungen sind handschriftlich bemerkenswert. Einige der Buchstaben sind im Schwunge äußerst individuell und wiedererkennbar, so daß sie dem Zeugenaufruf beigefügt werden. Und man tut noch mehr: Fortan werden in den Postämtern Karten und Briefe abgeglichen, um auf diese Weise den Schreiber zu ermitteln. Erfolg wäre Zufall und ausgesprochenes Glück. Die Nadel im Heuhaufen ist schwer zu finden. Genau 85 Jahre später (1981) führt solche Fahndungsmaßnahme im *Kreuzworträtselmord* fast an gleicher Polizeidienststelle zum hart erarbeiteten Erfolg.

1906 zeitigt diese Fahndungsmaßnahme keinen Erfolg. Deshalb läßt die Kaiserliche Ober-Postdirektion am 29. Dezember 1906 verlauten: »In der Strafsache, betr. Raubüberfall auf den Geldbriefträger Rübner, muß nach bisherigen Feststellungen angenommen werden, daß die Postanweisung über 5 M. an Frau Sperber Nikolaistr. 11/13 hier, entweder unter der Nr. 8025 am 15. 5 – 6 Uhr nachm. beim Postamt 9 hier, oder unter der Nr. 9960 am 16. Dezember 12 – 1 mittags beim Postamt in Leipzig-Lindenau ausgeliefert worden ist. Die betr. Schalterbeamten haben zweckdienliche Angaben über die Person des Auslieferers nicht machen können. Es wird noch versucht werden, die Personen, die gleichzeitig im Schalterraum anwesend waren, zu ermitteln und durch diese Näheres über die Person des Auslieferers in Erfahrung zu bringen.«

Alle erdenklichen Fahndungsmaßnahmen werden ergriffen. Gar im *Internationalen Criminal-Polizeiblatt* schaltet man eine Annonce: »Raubüberfall in Leipzig«. Doch keiner der Ermittlungsansätze führt zur Überführung des Täters. Der Mordversuch an Geldbriefträger Rübner vom 17. Dezember 1906 bleibt ungeklärt, das Geld verschwunden.

II. Act

Der zweite Akt des Kriminalstücks ist ein Brief in der Weihnachtspost des Jahres 1908 fürs renommierte Verlagshaus J. J. Weber, Reudnitzer Straße 1–7:

»Persönlich und vertraulich!
Sehr geehrter Herr!
Hiermit gestattet sich ein Mann, welcher es aufrichtig mit Ihnen meint, Sie auf eine Sache aufmerksam zu machen, welche für Sie von höchster Bedeutung und gewinnbringenden Nutzen ist. Andrerseits aber auch wieder bei Nichtbefolgung nachstehender Vorschläge die größte Gefahr für Ihr späteres Wohl bedeuten würde.

Sie lächeln geringschätzig? – – Bitte nicht so voreilig! Lesen Sie das nachstehende nur recht aufmerksam durch, und lassen Sie sich gesagt sein, das alles hier aufgeführte die blutigsten Tatsachen sind, und das Ihr ganzes späteres Wohlergehen nur davon abhängt, wie Sie sich, meinen Vorschlägen gegenüber verhalten.

Schreiber dieses Briefes bietet Ihnen ein Werk an, wie es die Welt bisher wohl noch nie gesehen; ein Werk eminenter aktueller Bedeutung!! Ein Werk, welches das größte Aufsehen in der ganzen Welt erregen wird; jeder Staat, jede Behörde, jeder Sozialpolitiker und jeder Psychologe werden dieses Buch mit größtem Interesse verfolgen! Sie werden, wenn Sie auf mein Anerbieten eingehen sich, und der Allgemeinheit ohne Zweifel einen sehr großen Dienst erweisen. Das Buch bringt in Form einer sehr packenden, fließenden, wahrheitsgetreuen Schilderung: eine große Anzahl vom Schreiber selbst begangener Verbrechen – darunter 20 Morde – 3 davon in Leipzig begangen. –

Da ich nun meinen bisherigen Lebenswandel, welchen ich seit meiner Entlassung aus dem Gefängnis erst führe, – zu dem aber der Staat mich sozusagen erst getrieben, aufgeben will, und da ferner die Behörde nie und nimmer in die Lage kommen würde, Licht in diese Sachen zu bringen – es wird ihr nie gelingen, mich festzunehmen, – lebend wenigstens nicht, – so habe ich mich entschlossen, mein Leben u. Taten herauszugeben. Man hat mir schon tüchtig mitgespielt in meinem Leben, ich habe schon glücklichere Tage gesehen, – bis man mich zum Raubtier machte. Dieses Buch wird kein einziges Wort besitzen, welches für irgend wem beleidigend wäre, oder welches den Tatsachen nicht entspräche.

Es wird vor allem beweisen, das es sehr wohl möglich ist – mit etwas gutem Willen – die größte Anzahl der Verbrechen zu verhindern; es wird zeigen, das es der Behörde trotz aller größter Mühe nicht möglig ist, einem etwas intelligenten Verbrecher zu fangen, – es sei durch Zufall! – – Eine kleine Probe, wie naiv doch unsere Behörde manchmal ist, beweist allein mal wieder der ›Fall‹ in der Windmühlenstr. – Seit einigen Tagen halte ich mich wieder in Leipzig auf. Zu meinem nicht geringen Erstaunen ist heute ein Bild von dem mutmaßlichen Mörder ausgestellt! Ich mus sagen, es ist sehr genau!! – – Ja du heiliger Bimbam! Glaubt denn die Behörde wirklich, das ich außerhalb des Hauses der Tat so aussah??! – Nun da hätten sie mich längst. Ferner die Postanweisungen: Wie töricht zu glauben, ich hätte dieselben erst kurz vor der Aufgabe geschrieben? Und das die Schrift eine ›Originalschrift‹ ist? Jeder Sachverständige, der wirklich etwas von Schrift versteht, sieht, das alles gemalt ist, und zwar nach einem gesunden Brief. Meine Originalschrift sollten Sie sehen!! – – Ferner: es sind neben einer Anzahl Sparkassenbücher, 2 Uhren geraubt! Über den Verbleib der Bücher kann die Polizei nichts wissen – sie sind verbrannt. Gründe: in meinem Werk! Aber die Uhren? Das konnte die Behörde wohl wissen, da gehörte wirklich nicht viel dazu. Ich habe sie versetzt auf dem Leihamt. Zwischen 10 und 11 am 2. Nov. Und habe 27 M dafür erhalten. Ich könnte Ihnen noch mehr Beweise geben, das Sie keiner ›Mystifikation‹ zum Opfer fallen, jedoch das dürfte wohl genügen. Was den festgenommenen Hensing anbetrifft, so kann man denselben in dieser Sache ruhig laufen lassen mit solch armen Schäschern haben wir nichts zu tun. Diese Art Leute tun keinem Menschen etwas! – Sie hängen noch am Leben! – – Wir haben uns aber auch aus diesem Grund entschlossen, es grade dort zu tun, Weil wir wusten, das Hensing dort wohnte. Doch genug davon und zur Sache! Sie dürften jetzt zur Genüge wissen, mit wem Sie es zu tun haben.

Ich beabsichtige, alle meine Taten niederzuschreiben, dafür fehlen mir aber die dazu gehörigen Mittel jetzt. Auch leide ich so sehr an der Lunge, das ich nach Italien machen will.

Es rührt vom Gefängnis her. Ich schlage Ihnen nun vor, und verlange 5.000 M. in Gold Vorschus. Sobald das Buch fertig ist, noch 5.000 M. in Gold weiter nichts. Auf Ehrenwort! Sie lachen mit Unrecht. Mein Wort halte ich jedenfalls besser als jeder andere Mensch. Wenn ich gerade dies Ihnen anbiete, so aus dem Grunde, weil mein Vater früher mit Ihnen in geschäftlichen Beziehungen stand.

Meine Eltern waren sehr wohlhabend, starben aber als ich im Gefängnis meinen Leichtsinn büste und enterbten mich. Mehr kann ich vorsichtshalber nicht über meine Person schreiben.

Sollten Sie villeicht glauben, dies der Polizei zu übergeben, um mich unschädlich zu machen, so sind Sie von einem großen Wahn befangen. Ihr Todesurteil würden Sie sprechen. Ihre ganze Familie würde ich zerfleischen. 5.000 M. sind für Sie eine Bagatelle, geschenkt will ich sie nicht haben.

In der Minute, wo Sie zur Polizei rufen würden, müsten wir dies auch bald und würden uns danach richten. Also: Sind Sie ein kluger Mann, so schicken Sie das verlangte an umstehende Adresse. Wollen Sie der Mörder Ihrer Familie werden, so tragen Sie es schleunigst zur Polizei!

Wenn Sie hoffen, es wird der Polizei schon gelingen mir eine Falle zu stellen, so dürften Sie sich stark verrechnen.

Ich wiederhole nochmals, seien Sie klug!!

Ehe es zu spät ist! Wir scheuen das größte Hindernis nicht, um zum Ziele zu gelangen! Wenn die Polizei noch so vorsichtig sein wollte, sie hätte das Nachsehen, und Sie den Schaden. Wir verfügen über Mittel und Wege wie sie selbst die Polizei nicht besitzt! Das ist keine geschmacklose Prahlerei, Tatsache!

Senden Sie das Geld nach dem Zeitungskiosk

Altes Theater!! Ecke Fleischergasse!! …

Punkt 6 Uhr.

Also überlegen Sie beide es sich genau!

Sagen Sie dem Zeitungsmann, er möge das Paket nur demjenigen aushändigen, welcher solch einen Zettel ausweist: Und so lange aufbewahren, bis jemand verlangt

J. J. Weber.

Das Sie die größte Diskretion unsererseits haben, versteht sich von selbst. Sie nennen es eine unerhörte Frechheit??

Ganz ohne Grund. – Es ist unsere erste anständige Tat!

Wir wollen wieder ordentlich werden.

X. + O.«

Das Angebot der Mords-Memoiren, *einem Werk eminenter aktueller Bedeutung*, eigenhändig verfaßt vom Absender *Argus*, steckte nachmittags im Briefkasten des Medienhauses auf der Reudnitzer Straße. Es war der Heilige Abend 1908. Geschäftsführer Siegfried Weber hatte angesichts des Weihnachtsfestes die Angestellten seiner Verlagsbuchhandlung bereits nach Hause entlassen. Der Chef selbst wollte in Anbetracht der Weihnachtsfeiertage noch Besorgungen erledigen. *Argus'* Brief blieb an jenem Tage im Kasten und ungeöffnet.

Das Verlagshaus Weber hatte der Schreiber mit Bedacht gewählt, gab J. J. Weber doch die vielgelesene *Illustrirte Zeitung* heraus, die erste ihrer Art in Deutschland. Ein Massenblatt, bestens für Schlagzeilen geeignet: ... *bringt in Form einer sehr packenden, fließenden, wahrheitsgetreuen Schilderung: eine große Anzahl vom Schreiber selbst begangener Verbrechen – darunter 20 Morde – 3 davon in Leipzig.* Einen Vorschuß von 5.000 Mark zu zahlen sollte diesen Zeitungsmachern möglich sein.

Offensichtlich hegte der Verfasser an der Annahme des Angebots auch keinen Zweifel. Denn am *Heiligen Abend* gegen 18 bzw. 19 Uhr habe sich, so erinnerte sich später der Zeitungshändler vom Kiosk Altes Theater/Fleischergasse, ein Schuljunge zweimal erkundigt ob ein *Päckchen von Herrn Weber* bei ihm hinterlegt worden sei. Noch geraume Zeit habe sich der Knabe in der Nähe herumgetrieben, doch ein *Päckchen von Herrn Weber* sei auch später nicht abgegeben worden. Noch gelangte der Kriminalfall nicht zur Kenntnis der Presse, danach zählt *Argus* auch heute zu den legendärsten Verbrechern, die in der Messemetropole wirkten: *20 Morde – 3 davon in Leipzig!*

Trotz Erstem Feiertag begibt sich Siegfried Weber am Morgen des 25. Dezember in sein Büro und entleert den Briefkasten und öffnet den Umschlag. Absender: *Argus.* Siegfried Weber hat an *Argus'* Memoiren kein verlegerisches Interesse und übergibt den Brief trotz Todesdrohung postwendend der Polizei. »Deshalb konnte zur Abfassung des Erpressers rechtzeitig nichts getan werden«, und *Argus* am Kiosk Altes Theater, Ecke Fleischergasse kein Hinterhalt gelegt werden. Aber die sofort angestellten Ermittlungen ergaben, daß der Täter tatsächlich am *Heiligen Abend* in der 7. Stunde einen Schulknaben zur Abholung des Geldes vom Kaufhaus Brühl aus nach dem Zeitungsstand geschickt hatte. Der Knabe und sein Onkel hatten mit den Täter gesprochen. Sie konnten ihn beschreiben. Doch zur Identifizierung reichten diese Angaben nicht aus.

»Der Versuch, dem Täter durch Zeitungsinserate klar zu

machen, daß der Brief zu spät in die Hände der Herren Weber gekommen sei, um ihn dadurch zu veranlassen, noch einmal nach dem Kiosk zu kommen, war erfolglos. Er ließ sich dort nicht mehr sehen. Wie aufmerksam er aber die Vorgänge verfolgt hatte, beweist der nachstehende zweite Brief, der am 8. Januar einging.

»Sehr geehrter Herr!
In dem Ihnen von mir am Heiligen Abend angebotenen Geschäft – auf das Sie leider aus mir unbegreiflichen Gründen nicht einzugehen scheinen – haben Sie sich eigentlich recht unglücklich benommen. Musten Sie denn die beiden Inserate so

S. u. H. Weber. Brief erst ersten Feiertag
erhalten. Antwort liegt beim Zeitungshändler wie erbeten.
Brief mit 500 Mark liegt an erbetener Stelle.
Holen Sie denselben ab und lassen Sie mich
und meine Familie in Ruhe. Wenn nicht
bis Montag abgeholt, übergebe ich die Sache der Polizei
Weber

abfassen? Nein! dies konnte in einer viel weniger auffälligen Weise geschehen. Mir entgeht nicht eine einzige Zeile sämtlicher hiesiger Zeitungen. Das Sie den Brief erst am I. Feiertag erhalten hätten, stimmt nicht! Sie haben denselben dann eben erst an betr. Tag gelesen. Ich habe es aus ganz gewissen Gründen unterlassen, den angeblich später hinterlegten Brief abzuholen.
Wie derartig ungeschickt abgefaste Inserate von allerhand stumpfsinnigen Individuen auszunutzen versucht werden, ersehen Sie z. B. aus diesem hier:
Weber! Ueb. Anon. Brfschr. S. u. H. k. vill.
Ausk. G. Erb. Chiff.r a. d. St.
Vielleicht auch diesen hier?
Weber! Erwarte Auskunft hauptpostlagernd
Unter W 358.

Sie fassen denn doch diese Sache zu leicht auf! Sie haben es hier mit einem anderen Menschen zu tun, wie Sie ihn sich vorstellen. Sie sind also auch von dem Wahn befangen – wie fast alle Menschen – das es der Polizei, oder sonstigen Instituten in solchen Fällen unbedingt gelingt und gelingen müse, den oder die ›Täter‹ zu fassen, ›möge es kommen, wie es wolle – denn das wäre ja noch schöner‹.

Nun ich gebe es zu, sehr oft gelingt es ihr, all zu oft! Dies ist aber nicht etwa dem ›phänomenalen‹ Scharfsinn der Polizei, sondern meist nur dem unglaublichsten Stumpfsinn u. Leichtsinn der Verbrecher zu danken. Wer ich bin, und was ich bin, wissen Sie bereits. Sollten Sie jedoch noch daran zweifeln, das Sie es mit einem Menschen zu tun haben, der es aufrichtig mit jedem meint, welcher es mit Ihm ehrlig meint, so will ich Ihnen hiermit noch einem Beweis – nur von Leipzig – geben, das Sie es nicht etwa mit einem harmlosen Schwindler zu tun haben, sondern mit jemand, der in gewissen Fällen eine unglaubliche Rücksichtslosigkeit an den Tag legen kann. – Es sind in der Windmühlenstraße 5 Schlüssel mit abhanden gekommen! Dieselben sind bis heute noch nicht gefunden. Sie können sich das Vergnügen machen, und dieselben durch Zufall finden. In der Karl-Tauchnitz-Str. etwa in der Mitte liegen dieselben in einem Schleusengraben der Straßenrinne. Man wird dieselben schon mal gelegentlich finden. Ich glaubte, es würde früher geschehen.

Nun werden Sie ausrufen: es ist eine Schande das solche Kreaturen sich noch der Freiheit erfreuen! Nun Herr Weber! Diese werden wir auch trotz Ihrer werten Hilfe und dieselbe zu nehmen – nicht einbüsen, verlassen Sie sich darauf! Man hatte mir das Recht genommen zu leben – man hätte mich verhungern lassen, hätte ich mir nicht selbst geholfen – ebenso gleichgültig wie meinen Mitmenschen mein Leben war, genauso gleichgültig ist mir jetzt Ihr Leben!

Aber ich sehe nicht ein, warum ich einen Menschen umbringen soll, von dem ich noch nicht mal weis, ob er nicht freiwillig etwas von seinem überflüssigen Mammon – welchen er gar nicht alle zum Leben benötigt – abzugeben bereit erklärt. In diesem Falle handelt es sich jedoch durchaus um keine Abgabe, sondern um einen zweifellos riesigen Verdienst für Ihnen!

Ich versichere Sie nochmals, das Sie der Erste und auch der einzige sind, welchen ich mit diesen vorteilhaften Angebot betraue.

Überlegen Sie es sich nochmals reiflich, ob Sie annehmen oder nicht. Sollten Sie glauben, das Ihnen der Verlag eines solchen Werkes Ihre gesellschaftliche Stellung irgendwie Schaden zufügen könnte, – was ich aber für direkt ausgeschlossen halte, – und daher auf mein Angebot nicht eingehen wollen, so würde ich schon einen Abnehmer finden.

In diesem Falle forder ich Sie jedoch auf, 1.000 M (Ein Tausend) in Gold als Abfindungssumme zu zahlen. Falls Sie sich dazu bereit erklären, gebe ich Ihnen mein unverbrüchliches Ehrenwort, das Sie ewige Ruhe vor mir haben. Meine Kompl. und Gehilfen wissen von dieser Sache nichts. Ich, Schreiber dieses Briefes, bin der Urheber aller dieser Verbrechen und das Haupt aller Veranstaltungen! Sollten Sie aus unverwüstlichen Vertrauen zur Polizei auf nichts eingehen, und dieses der Polizei melden, so werden wir an Ihnen eine ganz rabiate Rache nehmen. Ich brauche nur zu winken, und um Ihr ganzes Glück wäre es geschehen, ja, es würde vernichtet?! Wählen Sie, was Sie für gut befinden.

Antwort erwarte ich im Laufe des Sonnabend Nachmittag am Zeitungsstand nähe Thomaskirche an der Dorotheenstraße gegenüber. Versehen Sie die Antwort mit folgender Aufschrift:

W 1.000 Nur dem Vorzeiger dieser Chiffre soll der Mann die Antwort geben.«

Auch diesen Brief übergab Siegfried Weber den ermittelnden Beamten. Die Polizei erkannte, die Behauptungen von Raub und Mord waren nicht erlogen. Zumindest nicht, was die Stadt Leipzig betraf. Der im Brief erwähnte *Fall Windmühlenstraße* beschäftigte seit Wochen Kriminalisten, die Journaille, die Bevölkerung. Ein brutaler Raubmord. Zwei Tote.

Mit dem eingegangenen Schreiben nun gab der Verfasser erstmals weitere Ermittlungsansätze, denn zweifellos, die erwähnten Details ließen auf den Täter im *Fall Windmühlenstraße* schließen. Wenn sie sich bewahrheiten, steht fest: *Argus* ist ein Raub- und Doppelmörder!

Man sammelt die Anhaltspunkte zur Person: *Argus* scheint des Deutschen nicht vollkommen mächtig: Das ß verwendet er so gut wie nie. Dativ und Akkusativ waren häufig in den Endungen verwechselt. Falsch auch die Nachsilben vieler Adjektive: *ehrlig*. Ein Italiener? Ein Mafioso? *Eine große Anzahl vom Schreiber selbst begangener Verbrechen – darunter 20 Morde – 3 davon in Leipzig* legten diesen Schluß sehr nah und sollten das wohl auch. *Auch leide ich so sehr an der Lunge, das ich nach Italien machen will.* Vieles schien aus gängigen Sensationsromanen abgeschrieben. Dickens, Zola und E. W. Hornung waren übersetzt. Seeligers *Der Stürmer* 1904 erschienen. Es blieben Zweifel: Schnitt ein heimischer Verbrecher hier gewaltig auf?

Es sind in der Windmühlenstraße 5 Schlüssel mit abhanden gekommen! Dieselben sind bis heute noch nicht gefunden. Sie können sich das Vergnügen machen, und dieselben durch Zufall finden. In der Karl-Tauchnitz-Str. etwa in der Mitte liegen dieselben in einem Schleusengraben der Straßenrinne. Tatsache: Die Schlüssel werden in einem Gully auf der Karl-Tauchnitz-Straße gefunden. Sie waren entwendet worden. Aus der Wohnung Windmühlenstraße 21, Etage IV, wo ein Untermieter seine Wirtsleute blutig erschlagen auffand. Die Täter nahmen auch die Schlüssel, hatten aber für diese keine Verwendung.

Der *Fall Windmühlenstraße* erschütterte Leipzig noch immer. Nahe des Stadtzentrums hatte man die Leichen der

Eheleute Friedrich in ihrer eigenen Wohnung entdeckt: eingeschlagene Schädel, blutbespritzt die Wände und der Boden. Die Täter hatte man gesehen. Der geplante Raub war fehlgeschlagen. Nur der Zufall hatte einem weiteren Opfer das Leben gerettet. Die Mörder waren unerkannt geflohen. Verwertbare Hinweise keine. So druckte tags darauf die Zeitung *Doppelraubmord* und *500 Mark Belohnung* und das *Hilfeersuchen der Königl. Staatsanwaltschaft.*

»Für die Ermittlung des Täters an den Schriftsetzereheleuten Friedrich am 2. November 1908, vormittags ¼ 9 Uhr, in ihrer in Leipzig, Windmühlenstraße 21 IV., gelegenen Wohnung verübten Raubmords hat das Königl. Justizministerium eine Belohnung von 500 Mark ausgesetzt. Wenn mehrere Anspruch auf die Belohnung erheben, behält sich das Königl. Justizministerium deren Verteilung vor.

Als Täter kommen zwei besser gekleidete Männer in den zwanziger Jahren in Betracht, von denen sich der eine am 30. Oktober bei Friedrichs für den 2. November früh eingemietet hat. Während der Anwesenheit der Täter in der Friedrich'schen Wohnung am Morgen der Tat hat der eine von ihnen gegen ¾ 9 Uhr von dem Geldbriefträger unter dem Namen Paul Schlegel einen Postanweisungsbertrag von 8 Mark 25 Pfg. ausgezahlt erhalten. Die Postanweisung ist am 30. Oktober mittags zwischen 12 – 1 Uhr, am Börsenpostamt jedenfalls von den Tätern selbst aufgegeben worden. Ein Täter wird beschrieben: etwa 23 Jahre alt, mittelgroß, mittelstark, rundes, nicht zu großes Gesicht, kleiner dunkler Schnurrbart, dunkles, vorn etwas aufrecht stehendes Haupthaar, dunkler Jackettanzug, hiesige Sprache.

Die Täter werden sich stark mit Blut besudelt haben und haben sich anscheinend nur oberflächlich gereinigt. Am Tatort ist die Mütze eines Täters – eine dunkelfarbig karierte runde Sportmütze von neuerer Form und modernem Stoff, 54 cm Kopfweite – vorgefunden worden. Die Täter müssen in Leipzig bekannt gewesen sein.

Geraubt sind insbesondere:

- ein Depositenrechnungsbuch des Dresdner Bankvereins, Filiale Leipzig, Nr. 2676 für Oskar Friedrich, angelegt am 15. Oktober 1908 über 1500 Mark,
- sieben Sparkassenbücher der Sparkasse Leipzig Serie II,
- Nr. 10156 mit 23 Mk. 24 Pf. Einlage auf Kurt Friedrich lautend,
- Nr. 80896 mit 708 Mk. 73 Pf. Einlage auf Melanie Friedrich lautend,
- Nr. 412592 mit 47 Mk. 28 Pf. Einlage auf Charlotte Blödner lautend,
- Nr. 449232 mit 15 Mk. 31 Pf. Einlage auf Hans Friedrich lautend,
- Nr. 449231 mit 6 Mk. 86 Pf. Einlage auf Elsa Unverfährt lautend,
- Nr. 253482 mit 49 Mk. 85 Pf. Einlage auf Willy Unverfährt lautend,
- Nr. 247244 mit 1 Mk. 52 Pf. Einlage auf Martha Helene Laura Unverfährt geb. Friedrich lautend,
- eine goldene Herrenremontoirankeruhr Nr. 35569,
- eine goldene Damenremontoiruhr Nr. 190932 mit Emaillekranz-Vergißmeinnicht,
- ein goldenes Zugarmband, graviert G. J. Union.

Über den Verbleib der geraubten Sparbücher und Schmucksachen und über den hiesigen Aufenthalt der Mörder vor der Tat ist nichts bekannt geworden. Die von dem Täter zurückgelassene Mütze und Schriftproben der Täter liegen beim Polizeiamte Leipzig aus. Ein am Tatorte vorgefundener, von den Tätern herrührender Telegrammentwurf trägt anscheinend die Unterschrift Rennert und weist nach Berlin. Alle Wahrnehmungen, die zur Ermittlung der Täter führen können, sind sofort der Königl. Staatsanwaltschaft oder Kriminalabteilung des Polizeiamts Leipzig mitzuteilen.«

Scharlachrot mit schwarzer Schrift werden im Stadtzentrum und in Leipzigs Vorstädten DIN A3 Plakate dieses Wortlauts gehängt. Die Zeitungen berichten. Die Schlagzeilen sind groß. *Hinrichtung aus Habgier. Zufall verhindert den Tod. Doppelmord an Ehepaar.* Die Einwohner diskutieren. Das Verbrechen war dreist, der Mord bestialisch.

»Als Geldbriefträger Frohberg am 2. November 1908 das Haus betrat, um dem vier Treppen hoch bei Friedrich wohnenden Untermieter Schlegel 8 Mark 25 auszuzahlen, begegnete er einem Kollegen, der eben im gleichen Haus eine Nachnahmesendung zugestellt hatte. ›Warte einen Augenblick‹, sagte Frohberg, ›ich komme gleich mit!‹ Frohberg klingelte bei Friedrich, gab dem jungen Mann, der die Tür öffnete und sich als Schlegel vorstellte, das Geld und verließ mit dem Kollegen über Gott und die Welt plaudernd das renommierte Haus an der Leipziger Innenstadtgrenze. Beide freuten sich, daß der Zufall sie zusammengeführt hatte, Frohberg rettete diese Begegnung das Leben. Dem 60jährigen Schriftsetzer Georg Friedrich und seiner 50jährigen Ehefrau Marie war kein Zufall zu Hilfe gekommen. Sie lagen, als die Postbeamten das Haus verließen, tot in ihrer Wohnung, erschlagen von *zwei besser gekleideten Herren.*«

Mit dem zweiten Erpresserbrief entlarvte sich der Täter selbst. Der grausame Mord in der Windmühlenstraße war in Leipzig auch nach den Weihnachtsfeiertagen noch Stadtgespräch. »Am 2. November wurden, wie unseren Lesern noch deutlich in Erinnerung sein wird, im Grundstück Nr. 21 in der Windmühlenstraße in den ersten Nachmittagsstunden der Schriftsetzer Georg Oskar Friedrich und seine Frau, ermordet aufgefunden. Beide Personen waren durch Schläge auf den Kopf mit einem schweren, stumpfen Werkzeug getötet worden. Die Tat ist früh ¼ 9 Uhr verübt worden. Aus der Wohnung waren eine Reihe Sparkassenbücher, Uhren und ein kleiner Geldbetrag geraubt worden.

Außerdem fehlten fünf zu den inneren Wohnungstüren gehörige Schlüssel. Als Täter kamen zwei jüngere Männer in Betracht, die folgendermaßen beschrieben werden:

Der eine: 23 bis 28 Jahre alt, etwa 1,65 bis 1,70 Meter groß, schlank, aber kräftig, breites, jedoch nicht dickes Gesicht, etwas vorstehende Backenknochen, blasse Gesichtsfarbe, dunkelblondes Kopfhaar, zur Zeit der Tat vorn etwas aufrecht stehend, hinten kurz geschnitten, dunkler, nicht sehr starker Schnurrbart, ohne besonders hervortretende Spitzen, der Bart kann in Wirklichkeit auch blond sein und vom Täter für besondere Zwecke dunkel gefärbt werden, gepflegte Hände, lange Finger, saubere Kleidung, meist schwarzer Überzieher und schwarzer, steifer Filzhut, hiesige Mundart, gewandte Redeweise, sehr sicheres Auftreten, hält auf sein Äußeres, ist eitel und selbstgefällig, heftig und rücksichtslos, dabei aber meist ruhig und kaltblütig im Auftreten, hat praktischen Verstand, ist aber oft unklar und phantastisch in seinem Denken.

Der andere: In den zwanziger Jahren, mittelgroß, schlank aber kräftig, heller, gelblich grauer Jackettanzug, graugrüne, runde, niedrige Lodensportmütze mit schwachen roten Streifen im Stoff, Kopfweite 54 Zentimeter.

Der erste Täter machte äußerlich einen besseren Eindruck, hat am Sonntag, den 1. November mittags zwischen 12 ½ und 1 Uhr auf dem Börsenpostamt zwei Postanweisungen geschrieben und aufgegeben, wobei er von mehreren Personen beobachtet worden ist. Er ist am Mordtage früh vor 8 Uhr zuerst in die Friedrich'sche Wohnung gekommen. Der zweite ist ihm nach kurzer Zeit dorthin gefolgt und hat dabei ein etwa 50 Zentimeter langes zylinderförmiges Paket von etwa 20 Zentimeter Durchmesser in der Hand getragen, das in rötliches Papier eingeschlagen war und jedenfalls das Mordwerkzeug enthielt.

Die beiden Mörder haben die Friedrich'schen Eheleute einzeln ermordet, um dann den durch Bestellung einer

Postanweisung in die Wohnung gelockten Geldbriefträger Frohberg ebenfalls umzubringen und zu berauben. Das ist ihnen aber nicht gelungen, weil im selben Augenblick, als der Briefträger die Anweisung bestellen wollte, ein anderer Briefträger hinzukam. Nur durch diesen Zufall ist die weitere Greueltat der Mordbuben vereitelt worden.

Zunächst gaben die zurückgelassenen Spuren keinen genügenden Anhalt für die Behörde, woraus sie auf die Personen der Mörder bestimmte Schlüsse hätte ziehen können. Immerhin gelang es durch rastlose Bemühungen und Ermittelungen, die Persönlichkeit des einen oben an erster Stelle beschriebenen Täters derart festzustellen, daß man Mitte Dezember sein Bild veröffentlichen konnte. Das Bild, das man durch Abänderung anderer Photographien nach Angaben der Zeugen usw. konstruierte, stellte sich in der Folgezeit als durchaus zutreffend heraus. Immerhin wußte man, trotz der unzählig eingelaufenen Anzeigen und Verdächtigungen, noch recht wenig von den Tätern.«

Seit *Argus'* zweitem Brief nun weiß man mehr und konnte gar ein Phantombild vom Täter fertigen. Dafür setzte man ein neues Identifikationsverfahren ein: die Photomontage. Seit Mitte des 19. Jahrhunderts fahndete die Polizei bereits mit gezeichneten Täterbildern. Eines der ersten zeigte den Raubmörder Carl August Ebert, der die Witwe Friese gemeuchelt hatte und als letzter Verurteilter in Leipzig 1854 öffentlich hingerichtet wurde. Im *Falle Windmühlenstraße* schnitten die Ermittler Teile aus abphotographierten Köpfen und legten diese zu einem neuen Gesicht zusammen, für Leerstellen nutzte man weiterhin den Stift. Das Verfahren wurde später durch vorgefertigte Folien verfeinert, die man übereinanderlegte. *Identikit* (1974) nutzt filmisch die Collagetechnik, ein Bild von Elisabeth Taylor setzt sich zusammen. Regie: Giuseppe Patroni Griffi. In der Rolle eines englischen Lords: Andy Warhol. Ungezählt die TV-Kommissare, die mit solchen Phantombildern treppauf, treppab auf Zeugenjagd gehen. Der Vorspann der *Polizeiruf 110*-Kriminalfilme zeigte von Folge 158 bis 203 dieses polizeiliche Verfahren, indem Gesichtsteile ineinandergeschoben wurden. Heute nutzt es die Werbung für Kopfschmerzmittel. Längst sind Computerprogramme dafür entwickelt und stetig vervollkommnet worden. Per Mausklick entstehen heute in Sekundenschnelle immer neue Köpfe. Im Abzug ist kaum die Unterscheidung möglich: erstellt oder wirklich ein Mensch?

Der Schulknabe, der am *Heilig Abend* 1908 am Zeitungskiosk Altes Theater/Fleischergasse nach einem *Päckchen von Herrn Weber* fragte, und dessen Onkel, sie hatten beide mit dem Täter gesprochen. Sie erkannten ebenso wie andere Zeugen, »unter einer größeren Anzahl ihnen vorgelegten Bildern in der kombinierten Photographie die Person des Erpressers wieder«. Genauso sah auch der Täter im *Fall Windmühlenstraße* aus. Jetzt kennen die Ermittler das Gesicht des Mörders, doch seine Identität bleibt unbekannt.

Auf das im zweiten Erpresserbrief enthaltene Verlangen *Antwort erwarte ich im Laufe des Sonnabend Nachmittag am Zeitungsstand nähe Thomaskirche an der Dorotheenstraße gegenüber* gingen Adressat und die Ermittler ein. Herr Weber gab am beschriebenen Ort seinen Brief ab, »und auf Antrag der Staatsanwaltschaft wurde durch die Kriminalpolizei die Überwachung dieser neuen Stelle vorgenommen. Der Erpresser erschien am Zeitungskiosk im Laufe des Sonnabends und des Sonntags nicht, muß sich aber in unmittelbarer Nähe aufgehalten haben.« Denn am Montag, den 11. Januar, traf der dritte Brief bei Siegfried Weber ein.

»Ordnen Sie gefälligst Ihre Angelegenheiten so, wie man dies zu tun pflegt, wenn man mit Sicherheit weis, das man hier bald ausgespielt hat. Zu Ihrem Trost lassen Sie sich gesagt sein, das Sie nicht der Erste sind, der solch Vertrauen in die Polizei, und in unsere Dummheit hat, um dasselbe sehr bald zu bereuen.

Jede Reue kommt zu spät. Es gibt auch in der noch so gut bewachten Sicherheit einer Person Secunden, wo wir ihn mit unfehlbarer Sicherheit zermalmen werden. So waschlappig Ihr Philister, so stumpfsinnig Eure Polizei. Das war heute die sogenannte ›Elitte‹ Ihrer ›Tüchtigen‹ Kriminalpolizei. Speciell diese famosen Straßenkehrer! Ein prächtiges Paar! Noch nie in meinem Leben habe ich so gelacht als heute.

Damit Sie einmal das Vergnügen haben diese braven Leutchen bei ihrer ›Arbeit‹ bewundern zu können, habe ich mir das Vergnügen gemacht, dieselben in einem großartigen Moment zu photographieren. Die Bilder bekommen Sie zugesand! – Und dann diese andern ›Beamten‹??! Oh! Horror! Alles Prachtexemplare. In der Tat! Diese Polizei macht Euch traurigen Philistern alle Ehre.

Habe ich bisher fast in der größten Anzahl mein Mütchen im Auslande gekühlt, so werde ich von heute ab ausschließlich in Leipzig – dem ich es blos zu danken habe, was ich geworden bin – wüten. Was Leipzig an mir gesät hat, soll es jetzt, wo ich nun wieder eine Erfahrung reicher bin, in ausgiebigster Weise ernten.

In welcher Weise wir an Ihnen (beide!) unser Mütchen kühlen werden, sollen Sie nächster Woche erfahren. An einem ganz speziellen Freund von uns und großem Sünder wird der Anfang gemacht! Genau so wie es diesem Menschen ergehen wird, wird es unwiderruflich Ihnen ergehen! Sie alle Angehörigen des Bürgertums und Bureaukratie! Was haben Sie für eine Ahnung vom realen Leben! Überhaupt keine! Schade das nicht mehr Menschen zu der Überzeugung kommen als ich. Denn wert wären Sie zu Brei geschlagen zu werden.

Selbst meine beiden Gehilfen waren ja schon mal auf dem Wege das Feld vor Euch trauriger Gesellschaft zu räumen anstatt sich vorher erst mal gründlich an dieser Bagage –

welche ihnen nicht einmal in einer entsetzlichen Kälte Obdach gab – zu rächen. Sie waren auf dem Wege Selbstmord zu verüben, aus Verzweiflung. Nun, ich hatte das Glück, das vereiteln zu können. Erst die Schuldigen und dann wir. Wir fürchten den Tod nicht! Jede Secunde sind wir bereit zu sterben.

Was wir aber tun können um möglichst etwas Gerechtigkeit mit Gewalt zu erzwingen – denn im guten wird leider keine geübt – tun wir mit fanatischer Lust und Liebe. Ebenso gern tun wir aber auch den feigen Brüdern, den Herren Einbrechern in ihrem oft sehr sauren Geschäft stören. Und wie sie laufen, diese Herren, wenn wir auf dem Plan erscheinen, wenn sie gerade dabei sind, ihre Beute fortschaffen zu wollen.

Was diese Menschen doch für eine Haasenangst vor uns ›Kriminalbeamten‹ haben! Ekelhaft! Nun kommt uns diese leichte Beute auf die wir es blos abgesehen haben immer sehr gut zu statten ohne einen Finger krumm zu machen. 11 Einbrüche haben wir bisher auf diese Weise in letzter Zeit gestört.

Ich schreibe dies Ihnen nur, um Ihnen vor Ihrer baldigen Abfahrt nur einen ganz kleinen Überblick tun zu lassen, mit wem Sie den Kampf aufgenommen haben, zu Ihrem endgültigem Unglück u. Ruin! Worauf wir jetzt unsere Gläser klingen lassen, in dem Lokal, wo Sie oft u. gern mit Ihren Freunden zechen.

Auf Wiedersehen, wo es auch sei!«

Erlesbar: Der Mörder lacht. *Diese Polizei macht Euch traurigen Philistern alle Ehre.* Und er sieht seine Taten im gesellschaftlichen Zusammenhang. *Sie alle Angehörigen des Bürgertums und Bureaukratie! Was haben Sie für eine Ahnung vom realen Leben! Überhaupt keine!* Er behauptet gar, die Arbeit solch unfähiger Schutzmacht als eine Art von Bürgerwehr erfolgreich übernommen zu haben, *11 Einbrüche haben wir bisher auf diese Weise in letzter Zeit* verhindert. Und der Mörder droht: *So werde ich von heute ab ausschließlich in Leipzig wüten.* Er hatte also erkannt, daß die Firma Weber die Behörde in Kenntnis gesetzt hatte.

Die Bemühungen der Staatsanwaltschaft gingen nunmehr dahin, den Täter glauben zu machen, daß die Herren Weber mit Rücksicht auf die erfolglose Tätigkeit der Polizei vom 11. und 12. Januar nunmehr gewillt seien, hinter dem Rücken der Behörde das geforderte Geld zu zahlen. Zu diesem Zweck erließ Staatsanwalt Mühle im Namen der Herren Weber Inserate in den *Leipziger Neuesten Nachrichten.* »Sehe ein, habe gefehlt!« Darunter Kürzel, die nur dem Erpresser verständlich: »Ja! sind bereit. Fam. W. Wohin?« Und außer der Polizei setzte die Staatsanwaltschaft auch private Detektive auf den Verbrecher an.

»Ach nee!« schreibt drauf der Mörder in seinem vierten Brief an Weber. »Sie dürfen nicht glauben, das alle Menschen so naiv sind, wie Sie und die Polizei es sind! Das machen Sie mir nicht weis, das Sie, Leiter eines so künstlerischen Unternehmens wie das Ihrige es ist, nicht mal soviel Intelligenz besitzen sollten, dann wenigstens, – wenn es wirklich mit Ihrem oben angezeigten Entschlusse seine reelle Bewandnis hätte –, selbstverständlich ist, – die Polizei auch nicht die geringste Ahnung bekommen dürfte, das sie damit nicht die geringste Beziehung hatten.

Das obige Inserat beweist das gerade Gegenteil! Ein Beweis, das Sie durchaus nicht daran denken, sich zu sichern und Ruhe zu verschaffen, sondern sich damit trösten, das es der Polizei schon gelingen wird, uns auf solche Art zu fassen.

Manche Menschen sind eben erst dann zu kurieren, wenn überhaupt nichts mehr zu retten ist. Wie lebhaft manchen Gemütern ihre Phantasie durch unsere Korrespondenz arbeitet, hatte ich am Sonntag zwischen 12 bis ½ 1 Uhr Gelegenheit im Ratskeller zu beobachten u. zu bewundern, und zwar zwischen zwei Herren, die Ihnen vielleicht nicht unbekannt sind. Die Phantasie wird vielleicht noch gesteigert werden durch den Schlus unserer Korrespondenz.

Denn: Sparen Sie, sowohl die Polizei sich von nun an irgend jedes inserieren, und ohnmächtiges Fallen stellen – wie sie im Fallen stellen überhaupt Ia ist – es wird Ihnen nie den gewünschten Erfolg bringen, da wir leider noch nicht die ›Schlauheit‹ der Polizei besitzen, um auf solche Mätzchen zu reagieren. Meine Wege, die ich betreffs Ihrer Person zu gehen habe, sind durch Ihr bisheriges Verhalten gekennzeichnet. Durch die vielen Worte, die ich Ihrethalben nun getan habe, haben Sie den Glauben erlangt, einen Phraseologen vor sich zu haben. Das Sie einen Mann der Tat vor sich haben, werden Ihnen die nunmehrigen Ereignisse – welche Leipzig ganz aus der Fassung bringen werden, beweisen!

Da sind viele Herren vernünftiger die letzten Tage gewesen, sie sollen es aber auch nicht bereuen. Wenn denen einmal etwas bedrückt, sie wissen, an wen sie sich zu wenden haben. Auch nicht das bestgeleitete Detectiv-Institut kann eine Auftrag so zur Zufriedenheit erledigen, wie ich dazu in der Lage bin. Und mit welcher Discretion! Kein Grab kann verschwiegener sein als wir. Dies ist keine Prahlerei, sondern pure Wahrheit.

Indem ich erkläre, das sich so wohl die Polizei ruhig alle weitere Mühe ersparen kann, – da alle Versuche ohne Erfolg sein werden –, schliese ich hiermit endgültig jede weitere Behandlung mit Ihnen, rsptv. der Polizei. Fazit dieser Verhandlung folgt.   R.«

Abbruch von Vertragsverhandlungen, auf die weder Siegfried Weber noch die Polizei je eingegangen waren. Und doch ließen die Ermittler weiter inserieren, mit dem Zweck, »eine Zusammenkunft Webers mit einer dritten Person vorzutäuschen, so hoffte man, der Briefschreiber würde aus Neugierde sich in der Nähe der Stelle zeigen. Dadurch sollte den Beamten zumindest Gelegenheit gegeben werden, ihn von Ferne zu Gesicht zu bekommen« und einen neuen Übergabeort für das erpresste Geld zu bestimmen. Dieser lag diesmal im Musikviertel. »Wie richtig dieses Vorgehen war, zeigte der am Sonntag den 24. Januar vom Mörder persönlich morgens in der achten Stunde in den Briefkasten der Weber'schen Wohnung geworfene fünfte Brief:

Zu den beigelegten Inseraten noch einige Worte. Schon diese einfältige Zumutung –, uns persönlich sprechen zu wollen –, sagt mehr als tausend Worte. Dieser Einfall stammt nicht von Ihnen, meine Herren! Für so bodenlos dumm halte ich Sie auf keinen Fall, dies bringt nur ein verblödetes Polizei und Detectiv Gehirn fertig.

Das ich mich zur festgesetzten Zeit an bewusten Orte eingefunden habe ist selbstverständlich – auch heute –. Nichts hindert mir, dies zu tun, da ich nicht die geringste Gefahr dabei laufe, irgendwie erkannt zu werden. Als Beweis möge Ihnen dafür dienen, das, als ich 5 Minuten nach vier Uhr von bewusten Ort die Schwägrichen Straße hinauf ging, nach dem Schleußiger Weg zu, und kurz vor der Arndtstr. war, kam zu meiner größten Freude, – der Geldbriefträger Frohberg, auf den ich es bekanntlich damals abgesehen hatte, mit seinen beiden Kindern, an jeder Hand eines, mir entgegen, und ich sah ihn mit Fleis scharf an, aber nicht einen Atom kam ich ihm bekannt vor, er sah mich an, wie man eben einen wildfremden Menschen ansieht. Es ist übrigens nicht das erste Mal, das ich mit diesem Herrn zusammentreffe, dies war schon mehr mals der Fall, auch habe ich mich ihm auch schon unterhalten, und zwar am Heiligen Abend um 7 Uhr, als er eine Bestellung in der Fleischergasse gemacht hatte, und er auf die ›Elektrische‹ wartete. Ich wartete auch, und stieg mit ihm zusammen auf, woselbst ich mit ihm ein kleines Gespräch anfing. Herr Frohberg wohnt Arndtstr. 3, III. Er hatte im November unerhörtes Glück, was er wohl auch noch gar nicht so recht begreift. Denn es war mein erster Fall, das mir etwas nicht so gelang, wie ich dies wollte.

Um nun solchen Leuten, die ihrem totsicheren Verderben durch solche unvorherzusehenden Zufalles entgehen, nicht später als lästige Zeugen noch vernichten zu müssen, habe ich bei allen meinen Untersuchungen in jeder Hinsicht gesorgt. Habe ich mir aber etwas vorgenommen, so ist mir jedes Mittel recht, um meinen Zweck zu erreichen.

Sie ahnen eben noch nicht, mit wem Sie es eigentlich zu tun haben. Wenn ich bisher weiter nichts unternommen habe, so habe ich meine ganz bestimmten Gründe dafür. Wenn ich soviel Geld hätte, wie Geduld besitze, so würde ich alle Welt in Ruhe lassen. Nun und zum Leben braucht man Geld. Es mir durch Arbeit zu verschaffen, daran hat mich die verdammte Idiotenbagage, so sich die Behörde nennt, systematisch unmöglich gemacht, indem man mich immer und immer wieder bei meinen Principalen denuncierte.

Ich werde es ihnen heimzahlen, und mögen sich diejenigen bei Ihnen bedanken, die mit darunter leiden müssen. Ich verschone keinen einzigen, welcher mehr an seinem Geld hängt, als am Leben. Wenn Leipzig wüste, was für Ereignisse in seinem Schoose schlummern, es würde erzittern! Aber ich will keine viel Worte mehr machen. Hunde, die bellen, beisen nicht.«

Und fort ließ die Behörde Anzeigen in die Zeitung setzen, die nur *Argus* begreiflich. »Stg. Vergeb. Gewartet. Bitte dringend heute 4 Uhr am gleichen Orte oder bis = Richtet sich von selbst! Mittag brieflich Bescheid nach Filiale Plagwitz W 801. – Weber! Erwarte Auskunft hauptpostlagend unt. W 358. – Gen. Orte. Bitte m. Zeitangabe.«

Darauf entgegnet der anonyme Briefeschreiber: »Oh ihr Naiven! Nun wenn Sie es wirklich reell meinen, will ich Ihnen Gelegenheit geben, dies mir zu beweisen. Ich mache Sie aber darauf aufmerksam, falls Sie diesen, in zwölfter Weise gemachten Vorschlag glauben dahin ausnützen zu können uns vielleicht dadurch fassen zu lassen, und sich damit trösten ›diesmal werdet ihr uns nicht entwischen‹ – Ihre Vernichtung unwiderruflich ist.«

Und noch immer hat der anonyme Briefeschreiber sein Buchprojekt nicht aufgegeben, ehrgeizig verfolgt er es noch immer, kämpft um seine Chance, berühmt zu werden. Er sandte dem Verleger gar Textproben, die ihm einen »lebendigen Eindruck« vermitteln würden. »Sollten Sie sich für mein noch zu schreibendes Werk interessieren und gewillt sein, dasselbe zu verlegen, so ist noch Zeit dazu. In jedem Falle aber haben Sie 1.000 = Eintausend M. in Gold zu zahlen. Dann haben Sie für ewige Zeiten Ruhe, und stehen Ihnen unsere Dienste kostenlos jederzeit zur Verfügung. Das Geld ist wohl versiegelt nach: Bäckermeister Becker, – Grimmaischer Steinweg 16 zu senden. Derselbe hat es solange aufzubewahren, bis es abgeholt wird. Sagen Sie den Leuten, sie sollten es nur an der Ladenkasse aufbewahren, und nur gegen diese Legitiemation aushändigen: N.12.! Spätestens bis Montag 12 Uhr hinschicken.

Es wurde nun beim Bäcker Becker ein Brief mit 100 Mk. niedergelegt und zur Überwachung des Ladens geschritten. Das Geld hatte man dem Briefe beigelegt, um den Mörder für den Fall, daß seine Festnahme bei der Abholung gelingen sollte, weiterhin sicher zu machen.

Am Abend des 27. Januar in der 7. Stunde erschien ein Messenger-Boy und holte den Brief ab, entkam jedoch in dem Gedränge des Grimmaischen Steinwegs. Noch an dem gleichen Abend angestellte Ermittlungen ergaben folgendes: ½ 7 Uhr hatte der Mörder in der Burgstraße einen bereits am folgenden Morgen ermittelten Jungen aufgegriffen, schleunigst mit einem Brief nach dem Eilboten-Bureau, Härtelstraße, geschickt und beauftragt, sofort wieder nach dem hinteren Ausgang der Kitzing & Helbig-Passage (~ Burgstraße 23) zurückzukommen. In dem Briefe befand sich die Aufforderung, daß so schnell wie möglich ein Messenger-Boy nach dem genannten Geschäft in dem Grimmaischen Steinweg fahren und dort unter der Abgabe eines Zettels das hinterlassene Paket abholen sollte. Das geschah denn auch wie oben geschildert. Mittlerweile hatte der Schüler den Mörder wiedergetroffen. Dieser ging mit dem Jungen bis zu dem Geschäft von Drewes am Königsplatz (~ Wilhelm-Leuschner-Platz). Von hier aus sandte der Mörder ihn ¾ 7 Uhr wieder nach dem Eilboten-Bureau, um den von dem Messenger-Boy mittlerweile von Becker dahingebrachten Brief dem Mörder am Königsplatz zu überbringen. Boy und Knabe kamen zur gleichen Zeit auf dem Eilboten-Bureau an. Der Brief wurde übergeben, und ehe noch die Polizei auf dem Eilboten-Bureau eintraf, war der Mörder im Besitz des Briefes. – Auch dieser Knabe hat unter dem ihn vorgelegten Photographien in der kombinierten Photographie seinen Auftraggeber wiedererkannt.«

Da der Mörder in den folgenden Tagen nichts wieder von sich hören ließ, gestand die Staatsanwaltschaft ihr Versagen im *Fall Windmühlenstraße* ein und erhöhte am 1. Februar 1909 die Belohnung auf 5.000 Mark. »Derjenige, der die Postanweisung am 1. XI. 1908 auf dem Börsenpostamte in Leipzig aufgegeben hat, hat sich von Mitte Dezember 1908 bis Mitte Januar 1909 wieder in Leipzig aufgehalten und hat von hier aus an die Inhaber der Firma J. J. Weber in Leipzig, Reudnitzer Straße 1–7 am 24. XII. 08 und 11.1.09 Erpresserbriefe geschrieben, worin er größere Geldsummen unter Todesdrohungen fordert.

Der Mörder hat offenbar gute Bildung genossen und ist im Leipziger Buchgewerbe bekannt. Seine Eltern sollen wohlhabend gewesen und gestorben sein, ›während er seinen Leichtsinn im Gefängnis büßte‹, und ihn enterbt haben.

An die genannte Firma will er sich gewandt haben, weil diese zahlen könne und ›sein Vater früher mit ihr in geschäftlicher Beziehung gestanden habe‹. Der Mörder will längere Zeit im Auslande gewesen sein und beherrscht annehmbar auch fremde Sprachen, vielleicht Englisch oder Französisch.

Die Persönlichkeit dieses Mörders ist jetzt folgendermaßen zu kennzeichnen: 23–28 Jahre alt, etwa 1,65 bis 1,70 Meter groß, schlank aber kräftig, breites, jedoch nicht zu dickes Gesicht, etwas vorstehende Backenknochen, blasse Gesichtsfarbe, dunkelblondes Kopfhaar, zur Zeit der Tat vorn etwas aufrechtstehend, hinten kurz geschnitten, dunkler, nicht sehr starker Schnurrbart ohne besonders hervortretende Spitzen, der Bart kann in Wirklichkeit auch blond sein und vom Täter für besondere Zwecke dunkel gefärbt werden, gepflegte Hände, lange Finger, saubere Kleidung, meist schwarzer Überzieher und schwarzer steifer Filzhut, hiesige Mundart, gewandte Redeweise, sehr sicheres Auftreten, hält auf sein Äußeres, ist eitel und selbstgefällig, heftig und rücksichtslos, dabei meist aber ruhig und kaltblütig im Auftreten, hat praktischen Verstand, ist aber oft unklar und phantastisch im Denken.

Das an den Aushangstellen der *Leipziger Neuesten Nachrichten* und des *Leipziger Tageblattes* ausgehängte Bild des Mörders entspricht in der Tat seinem Aussehen.

Alle, die Aufschluß über die Persönlichkeit dieses Mörders und seines Genossen, die sich vielleicht heute noch in Leipzig aufhalten, geben können, werden dringend ersucht, ihre Wahrnehmungen sofort der Königlichen Staatsanwaltschaft oder dem Polizeiamte in Leipzig mitzuteilen.«

Fahndungsmeldung und die an *Argus* gerichteten Annoncen hatten den gewünschten Erfolg, »denn bereits am 4. Februar traf der sechste Erpresserbrief bei Weber ein.

Sehr geehrter Herr!
Den Empfang Ihres werten Briefes hiermit bestätigend mus ich Sie leider noch einmal mit meiner für Sie ›wenig erbaulichen Korrespondenz‹ belästigen. Aus Ihrem ganzen Brief ersehe ich, das Sie bisher nicht den geringsten Begriff da-

von haben, was Ihnen in dem von mir angebotenen Werk eigentlich für ein Anerbieten gemacht wird.

Wenn Sie ja auch nur zugeben, und glauben, ›das ich tatsächlich in der Lage wäre, einen guten Stil zu schreiben, und dem Werk einen interessanten Inhalt zu verleihen,‹ so stehen Sie doch nichtsdestoweniger der ganzen Sache recht sceptisch gegenüber, und ist Ihrem Brief eine gewisse Ironie nicht abzusprechen. Das kann und darf ich Ihnen auch nicht verdenken: Haben Sie doch gar keinen Begriff von meiner Person, wer und was ich eigentlich bin.

Glauben Sie mir nur mein Herr: Es ist mir blutigster Ernst mit der Veröffentlichung dieses Werkes, und so mancher von den Herren Verlegern würde, wenn sie eine Ahnung davon hätten, was dieses Werk für einen ungeheuren Erfolg haben wird, und Ahnung hätten, das die Herausgabe eines solchen beabsichtigt ist, sofort und ohne alle Umschweife mindestens 20–30 Tausend Mark bieten.

Gewis! Sehr viele Autoren überschätzen den Erfolg ihres Werkes und müssen sehr oft die gröste Enttäuschung erleben. Hier wird das direkte Gegenteil eintreten; das Werk wird mehr, viel mehr halten, als es verspricht. Das Werk wird nicht nur in Deutschland, sondern auch im gesamten Auslande sehr lebhaftes Interesse wecken, und ungeahnten Erfolg haben. Es wird eine sehr fühlbare und große Lücke auf diesem Gebiete ausfüllen. Hier werden neben sensationellen fesselnden Schilderungen – an welchem sämtliche Kreise der Bevölkerung großes Interesse haben, – gänzlich neue Mittel und Berichte gezeigt, welche alle die im Werk geschilderten Vorkommnisse und Begebenheiten, – welche der Allgemeinheit täglich ungeheuren Schaden verursachen, – für die Zukunft fast gänzlich unmöglich machen werden. Hier braucht das Publikum nichts zu glauben, hier sieht es schließlich nur reale Tatsachen.

Das Werk wird sich ferner der grösten Objectivität befleisigen. Jedenfalls hat es mit allem derartigen Klatsch und

Schutzprodukten wie sie jetzt in den Handel kommen, und von denen mancher sich Wunderdinge verspricht, um allerdings bald einzusehen, das es sich um das blödeste, geistloseste Geknatsch der Welt handelt, – nicht das geringste gemein. Auch einigen dieser ehrbaren Schmier- und Presspiraten, welche sich stets in das Gewand des Tugendapostels hüllen, werde ich die Maske vom Gesicht reißen, und in wahrer Gestalt einmal zeigen.

Einer derselben treibt auch in Leipzig sein tugendsames Gewerbe. Es mag paradox klingen: gerade diejenigen, welche es sich zum Beruf machen, die geringsten und leisesten Verfehlungen mancher Leute an den Pranger zu stellen – mancher sonst in jeder Beziehung ehrbaren Leute – nur damit ihr Leben zu fristen: sie sind meistens die moralisch verkommensten Subjekte, die man sich denken kann.

Mit Erscheinen meines Werkes wird speziell dieser Herr in Ihrem Leipzig in den Orkus geschleudert werden, wo es kein Wiedersehen gibt. Auch wenn er noch so – um mit seinen Worten zu reden: – ›Kalt wie Hundeschnauze‹ – ist, es wird ihm nichts weiter bleiben als die Kugel oder der Strick. Können Sie sich vielleicht noch jenes mysteriösen Überfalls auf jene Dame in der Gottschedstraße im September des Jahres 1907 erinnern? Den Täter hat man bis heute nicht. Hätte man ihn fassen können? Jawohl! Mit totaler Sicherheit sogar. Man wuste ja noch nicht einmal zu welcher Art von Verbrechern man diesen Fall rechnen sollte (!). War ein Raubmord beabsichtigt? War es die Tat eines Geistesgestörten? Oder gar ein Racheakt? So rief damals, verzweifelnd die Hände ringend, die Leipziger Behörde aus. Nun, jeder Laie konnte, wenn er mit einem menschlichen Durchschnittsgehirn ausgestattet war, herausfinden, was hier los war. Die Motive der Tat konnte man sehr wohl finden. Aber so weit langt es nicht. Mit dieser Tat steht der oben skizzierte Herr in unmittelbarer Berührung, und wird es demselben unter keinen Umständen möglich werden, dies zu leugnen, da die in meinem Werke gemachten Enthüllungen über diesen Fall, und durch mitangegebene Beweise, – welche nicht zu widerlegen sind, – denselben einfach erdrücken werden. Das ich über diese Tat selbst sehr gut unterrichtet bin, werden Sie aus folgendem ersehen, mus mich aber recht kurz fassen, um bald zum Grunde meines Schreibens zu kommen.

An einem sehr regnerischen Nachmittag des Septembers 1907 ging in schnellen kurzen Schritten eine sehr elegant gekleidete, mit weißer Boa behangene Dame die Gottschedstr. entlang. Unmittelbar hinter ihr konnte man einen ebenfalls elegant gekleideten, ungefähr 28- bis 30jährigen Herrn beobachten, wie er richtig auffallend darauf bedacht war, möglichst immer nur einen Schritt hinter der Dame zu bleiben. Offenbar hatte die Dame, von dem eigentümlichen Gebaren des hinter ihr gehenden Herrn keine Ahnung, und bemerkte nicht, wie er ihr unausgesetzt folgte; sonst wäre es ihr auch unbedingt aufgefallen, das derselbe auf einmal dasselbe Haus betrat wie sie und schnell an ihr vorbei in den breiten Hausflur vorübereilte, die Treppe hinauf, welche er aber sofort wieder herunterkam.

Inzwischen war die Dame die erste halbe Etage heraufgekommen, als der anscheinend an ihr vorbeigehende Herr blitzschnell auf sie losgesprungen kam und versuchte, ihr mit einem scharfen Messer den Hals durchzuschneiden. Jedoch die Boa vereitelte das Werk, indem sich das Messer darin verfing. Der Täter ließ aber, trotz der unerhört lauten Hilferufe der Frau, nicht nach, und versuchte kaltblütig seinen Zweck zu erreichen. Es wäre ihm auch seine Absicht vollständig gelungen, hätte er sich eine andere Waffe mitgenommen, als nur ausschließlich sein Taschenmesser, seinen Dolch hatte er, – was nicht oft vorkommt – vergessen. Beim zweiten Schnitt, welchen er dann machte, klappte das Taschenmesser ein, und so wurde die Dame zu ihrem Glück nur leicht verwundet. Der Täter hätte, wäre er auf Raub abgesehen gewesen, in aller Gemütsruhe die silberne Tasche und Diamantene Ringe an sich nehmen können, wenn er gewollt hätte. Die Dame war die Frau des Fabrikbesitzers N.N. in Naunhof. Die Behörde hatte hundert Mk. Belohnung ausgesetzt.

Dies ein ganz kleiner Auszug von Leipziger kriminellen Begebenheiten. Mein Werk wird sich nicht etwa darauf beschränken, begangene Verbrechen und deren Ursachen eingehend zu besprechen, sondern es wird in demselben noch eine ganze Anzahl, für das gesamte In- u. Ausland höchst wichtiger Kapitel erörtert werden. So mancher Staatsanwalt u. Polizeirat-Kommissar, so mancher Kriminalbeamter und Detectiv, aber auch so mancher Rechtswissenschaft-Studierender wird mir Dank wissen, – – obgleich man dies auf keinen Fall zugeben wird, und sich möglichst den Anschein giebt, als wäre man auf diesem Gebiete schon wunder wie gescheidt und gelehrt, trotzdem sie tagtäglich das Gegenteil beweisen – ein solches Werk herausgegeben zu haben. Sie alle werden sehr Wissens- und Schätzenswertes darin finden, wie es bisher in solchen Mase und Form von keinem Werk auch nur annähernd erreicht wird. Es wird die gesamten bisherigen Grundsätze in der Ermittlung und Erkennung der Verbrecher umwälzen; es wird das ganze daktyloskopische u. anthropometrische Verfahren Kritisch und Fachmännisch beleuchten. Es wird der Intellekt der heutigen Polizei u. Kriminalbehörden u. Detectiven auf Grund erschöpfenden Materials eingehend geschildert werden; Es wird ferner der Intellekt u. Seelenleben der Verbrecher sämtlicher Staaten Europas so ausführlich geschildert, wie es bisher in solch lebenswahrem Bilde noch niemals der Fall war.

Dieses zu tun, konnte nur ein Mann in der Lage sein, welcher mit allen Kategorien der Verbrecherwelt in unmittelbarer persönlicher Berührung ist, und sich das Studium derselben zur Aufgabe gemacht hat.

Was würden Sie wohl jemanden antworten, wenn er Ihnen sagte, der Führer von Sect. F. der Charing-Großbundes wäre schon in Ihrem Hause gewesen, desgl. ein Mitglied der Apachen Paris-S.? Nun mein Herr! Es war der Fall, nur wissen Sie nicht, was dieses mitunter zu heisen hat. In Ihren Bemerkungen: uns schon in Ihre rsp. die Hände der Polizei zu bekommen, gebe ich Ihnen nur diese Antwort: ›Dor Lach ick öwer‹. Um Ihnen einen ganz kleinen Begriff davon zu geben, wie leicht ich es der Polizei zu machen bedacht bin, werden Sie hier aus diesen Tatsachen sehen: Ich spreche drei Sprachen (Deutsch, Französisch, Englisch) perfect. 2 Sprachen zum Teil (Russisch, Italienisch). Ich habe in vier Städten ›festen‹ Wohnsitz, einen davon im Auslande, und heise in jeder derselben anders. Ich führe verschiedene Militärpässe, obgleich kein Soldat gewesen, und von der Militärbehörde wegen Fahnenflucht steckbrieflich verfolgt, zahle in vier verschiedenen Städten schon jahrelang meine Steuern prommt, bin in jeder Stadt ein angesehener Mann, mein Beruf ist so gewählt, das Reisen eine Lebensbedingung ist, und es jedermann in Ordnung findet, wenn ich einige Wochen mal da bin, mal dort bin. Meine Genossen haben nur von zwei Wohnungen Kenntnis, haben von meinem Urnamen keine Ahnung, wissen weder wie alt ich in Wirklichkeit bin, noch haben sie ›Ahnung‹, wie ich in meiner wirklichen Gestalt aussehe. Ich werde der verehrten Polizei schon zeigen, was eine Harke ist. Ungestraft soll sie mir nicht aus Brod und Stellung gebracht haben, was ich mir geschworen damals, führe ich unbedingt aus, mag es dauern, solange es will.

Wenn ich mich mit meinem Anerbieten ausschließlich an Sie bisher gewandt habe, so kamen dabei für mich folgende wichtigen Gründe in Betracht: Nun ist es für ein Werk durchaus nicht gleichgültig, von welchem Verlag es verlegt wird, Verlag u. Verlag ist bekanntlich eine gewaltiger Unterschied. Ihr geschätzter Verlag zeichnet sich nicht nur in Deutschland, sondern auch im Auslande durch einen vornehmen populären Ruf aus, und ist von all den unzähligen

Verlagen in Leipzig unbedingt vorzuziehen. Wenn Sie aber glauben, für den geforderten Preis von zehntausend Mark nicht das Werk verlegen zu können, oder aus anderen Gründen daran verhindert sein, so ist Ihnen das meinerseits vollständig unbenommen. Ich wende mich in diesem Fall an einen Ausländischen.

Sollten Sie sich aber die Sache überlegt haben u. glauben das Buch verlegen zu können, ohne sich irgendwie zu schaden, so will ich Ihnen meine sehr bescheidenen Bedingungen, hiermit documentieren: zweitausend Mark Vorschus abzüglich der hundert M., zweitausend Mark bei Übersendung des Manuscripts, dreitausend bei der zehnten Ausgabe des Werks und den Rest bei der dreißigsten derselben. –

Bei Nichtvertrag bleibt selbstverständlich meine alte Forderung, 1.000 M. Abfindung bestehen. Also noch 900 M. Der Einwand Ihrerseits, Sie machten sich der Fluchtbegünstigung schuldig, worauf Strafe ruhe, ist ja zum ergötzen. Ich würde mir ja in das eigene Fleisch schneiden, wollte ich auch nur mit einer Silbe irgendeinen Namen nennen von denen, welche mir Geld sandten. Wenn Sie Manns genug sind, und über Ihre eigenen Entschließungen selbst bestimmen was Sie wollen, und selbst für das Wohl Ihrer Familie sorgen und nicht dasselbe Ihren ›Rechts-Piraten‹ a propos ›Beistand‹ anvertrauen, wer zum Teufel soll wissen, das Sie mir Geld geschickt haben? – Das können Sie nicht mit Ihrem Gewissen vereinbaren? Meinetwegen: jeder macht was er für richtig hält; ich zwinge niemand.

Wenn Sie sich für nichts entschließen können, so erlassen Sie bitte bis spätestens 31.Jan. folgendes Inserat: A.R. 120 – Nein.

Wenn Sie auf eine der beiden Forderungen eingehen: – Ja.

Im Falle: Nein, schicke ich Ihnen die 100 M. sofort zurück.

Im Falle: Ja, sende ich Nachricht wohin.

Wenn Sie glaubten, das ich mit mir handeln liese, Sind Sie sehr im Irrtum. Es ist komisch, wie viele Leute an etwas feststehendes, unabwendbares nicht glauben wollen. Die Behörden können alle Schätze der Welt versprechen es wird ihr eben nicht gelingen uns zu fassen. Das steht so fest, wie $2 \times 2 = 4$. – Ihre Annahme, das ich in Not bin, ist vorläufig unbegründet. Wäre dies tatsächlich der Fall, so wäre schon längst das Unglück einiger Bewohner von Leipzig besiegelt, darauf können Sie sich verlassen. Not leide ich unter keinen Umständen, das wäre das letzte. Wenn Sie sich vielleicht einbilden einen sogenannten ›Tagedieb‹ vor sich zu haben, so irren Sie gewaltig. Ich arbeite vielleicht mehr an einem Tag als Sie die ganze Woche; selten das ich mal 6 Stunden im Tag schlafe, meist sind es nur 4, auch mit unter nur zwei.

Ich sehe Ihrer geschätzten Antwort bis Sonntag 31. Januar entgegen.

N.B.

A.R.

Leider geht Ihnen der Brief eine volle Woche später zu, als beabsichtigt. Ich habe demselben Donnerstag 28. Jan. ihn in der Eile auf meinem Schreibtisch liegen lassen, als ich einer wichtigen Sache halber nach Kopenhagen einen Tag zu tun hatte. Ich erwarte demnach Ihre Antwort bis zum 5ten Februar.«

Und wieder gab der Schreiber Hinweise auf ein wirkliches Verbrechen. Der im Brief genannte Überfall war aktenkundig. Er fand nicht im September 1907, sondern am 5. Oktober statt. Frau Lisbeth Wagner, verehelicht mit Karl Wagner aus Naunhof, war überfallen worden. Echauffiert hatte sie Anzeige erstattet und sagte aus: »Sie habe heute nachm. ½ 5 Uhr die im Hause Gottschedstraße 15 wohnende Frau Kolmar-Fürst besuchen wollen. Als sie die Haustüre des bezeichneten Grundstücks habe öffnen wollen, habe sich plötzlich ein von ihr vorher nicht bemerkter, ihr vollkommen unbekannter Mann von hinten vor ihr durch die Haustür gedrängt und sei, als ob er zu den Hausbewohnern gehöre, die Treppe bis zum zweiten Ansatz hinaufgegangen, habe sich dann plötzlich, ohne ein Wort sprechen, umgedreht und sie angefallen, indem er ihr mit einem Instrument, vermutlich einem Messer, am Hals und am Nacken Wunden beigebracht habe. Auf ihre Hilferufe habe er sie losgelassen und sei eiligst die Treppe hinabgesprungen und durch die Haustür entflohen.

Von Herrn Dr. Tannert, dem Arzt des Sanitätswagens, welcher Frau Wagner verbunden hat, ist dem Kriminalwachtmeister Engelmann angegeben worden, daß Frau Wagner eine 3 cm lange, ½ cm tiefe Schnittwunde am Hals und eine ¼ cm tiefe Stichwunde am Nacken habe.« Frau Wagners rotes Halsbindchen aus Seide und ihre weißen Glacéhandschuhe nimmt die Polizei zur Akte (darin sind sie noch heut zu finden). Zum Täter macht die überfallene Fabrikantengattin folgende Angaben:

»Alter: etwa 26 Jahre

Augen: braun stechend

Bart: gutgepflegter Schnurrbart

Gesicht: gesundfarbig

Besondere Kennzeichen: hat einen sehr feinen Eindruck gemacht

Kleidung: schwarzer oder dunkelbrauner Rockanzug mit steifem, schwarzem Filzhut

Vigilanzgrund: Raubanfall.«

Zum Tathergang gibt's keine Zeugen. Passanten auf der Gottschedstraße ist der Mann nicht aufgefallen. Tags später steht die Fahndungsmeldung in der Zeitung. Eine Belohnung wird ausgelobt.

»Als heute ½ 5 Uhr eine auswärtswohnende Dame einer im Hause Gottschedstraße 15, II. hier wohnenden Dame einen Besuch abstatten wollte, drängte sich ein von ihr vorher nicht bemerkter, ihr unbekannter Mann plötzlich von hinten vor ihr durch die Haustüre des bezeichneten Grundstücks und ging, als ob er zu den Hausbewohnern gehöre, die Treppe bis zum zweiten Absatz hinauf, drehte sich dann plötzlich, ohne ein Wort zu sprechen, um und fiel die Dame an, indem er ihr mit einem Instrument, vermutlich einem Messer, eine leichte Schnittwunde am Hals und eine ebenfalls leichte Stichwunde am Nacken beibrachte.

Obwohl die Dame ein Handtäschchen mit Geld in der Hand hielt, auch Brillantohrringe sichtbar trug, hat der Unbekannte doch nicht nach diesen Wertgegenständen gegriffen, sondern ist auf die Hilferufe der entsetzten Dame hin entflohen.

Diese beschreibe ihn als etwa 170 bis 172 cm groß, schlank, schmächtig, etwa 26 Jahre alt, mit wohlgebildetem Gesicht, schwarzem gutgepflegten Schnurrbart, gesunder Gesichtsfarbe, braunen, stechenden Augen, dunklem, feinem Rockanzug, steifem, schwarzem Filzhut.

Alle Wahrnehmungen, die zur Ermittlung des Unbekannten zu führen geeignet sind, wolle man schleunigst der Kriminalabteilung des unterzeichneten Polizeiamts mitteilen. Auf die Ermittlung des Unbekannten wird eine Belohnung von hundert Mark ausgesetzt

Das Polizeiamt der Stadt Leipzig«

Nunmehr legt man auch Frau Lisbeth Wagner das gefertigte Phantombild vor: Sie erkennt den Täter wieder. Offensichtlich: Der unbekannte Schreiber ist sowohl der Mörder im *Fall Windmühlenstraße* als auch der Täter, der Frau Wagner überfiel.

Außer der Photomontage hat die Polizei von *Argus* die handschriftlichen Nachrichten an Siegfried Weber. Wortwahl und Ausdruck lassen auf einen höheren Bildungsgrad schließen. *Meine Eltern waren sehr wohlhabend.* Mehrere Kurzmitteilungen waren auf Französisch abgefasst. Doch nehmen die Ermittler nie an, einen der international gesuchten *größten Verbrecher des Jahrhunderts* zu verfolgen.

Eher scheint er sozial nicht abgesichert. Verwunderlich, daß er hartnäckig um Geld für ungeschriebene Memoiren kämpft. Wahrscheinlich hat der Gesuchte seit je den Wohnsitz Leipzig und saß zweifelsohne bereits im Knast. *Meine Eltern starben aber als ich im Gefängnis meinen Leichtsinn büste und enterbten mich.* Fehler in Orthografie und Satzbau wirken wie absichtlich hingeschrieben, um mangelnde Sprachbeherrschung vorzutäuschen. Dass *Argus* in der Lage ist, Mords-Memoiren zu verfassen, bewiesen seine Briefe. Doch vieles darin schien ausgedacht und von den gängigen Klischees modischer Kriminal- und Sensationsromane inspiriert.

Seit je kursierten *wahrheitsgetreue Beschreibungen wahrhafter Morde*, die findige Drucker auf dem Hinrichtungsplatze feilboten. Bänkelsänger berichteten im Blankvers von den *erschröcklichen Bluttaten* wie dem *Kriminalrätsel von der abgeschnittenen Hand* oder *Blutschande und siebenfacher Kindermord*. Scharfrichter wie *Der alte Henker von Spandau* oder *Das rote Sefchen, die Tochter des Henkers* schilderten die Schrecknisse detailgetreu. Räubergeschichten wie von *Rinaldo Rinaldini, Schinderhannes, Michael Kohlhaas* oder *Max Doberwitz, dem Tantenmörder* erfreuten sich enormer Beliebtheit. All diese Romane »hatten als Organisationsprinzip nur den Handlungsfaden eines Lebensschicksals oder eine Person als lose Bezugsstruktur, ansonsten waren sie nach dem Prinzip der episodenhaften Reihung und der assoziativ-narrativen Wiederholungs- oder Kompilationstechniken aufgebaut«. Sie waren leicht verständlich und entsprachen dem Geschmack weiter Publikumsschichten. »In den Gestalten edler Räuber und Verbrecher arbeitete die Unterhaltungsindustrie das soziale Widerstandspotential ihrer Leser, insbesondere das Gefühl gesellschaftlicher Ungerechtigkeit ab. Der Held ist in der Regel durch die Schuld der *Gesellschaft* insbesondere durch ungerechte Vorgesetzte, philiströse Arbeitgeber, beschränkte Eltern in die Bahn des Verbrechens getrieben worden und bethätigt nun seine von Hause aus groß angelegte Natur durch die meisterhafte Vorbereitung und ebenso kühne wie geniale Ausführung seiner Einbrüche, Bankberaubungen und ähnliche Leistungen. Dabei handelt es sich um eine Art ausgleichender Gerechtigkeit, denn der edle Räuber nimmt natürlich den Reichen und giebt den Armen, er ist außerordentlich wohltätig.«

Insofern spekulierte der Briefeschreiber mit seiner *wahrheitsgetreuen Schilderung einer großen Anzahl vom Schreiber selbst begangener Verbrechen – darunter 20 Morde – 3 davon in Leipzig* markttypisch und gewinnorientiert. Doch war er überrascht, daß auf sein profitables Angebot vom Verlagshaus nicht eingegangen wurde. *Mancher von den Herren Verlegern würde, wenn sie eine Ahnung davon hätten, was dieses Werk für einen ungeheuren Erfolg haben wird, und Ahnung hätten, das die Herausgabe eines solchen beabsichtigt ist, sofort und ohne alle Umschweife mindestens 20 – 30 Tausend Mark bieten.* Siegfried Weber zahlte nicht oder nur nach polizeilicher Maßgabe. Man bezog die Öffentlichkeit zunächst nur sporadisch in die Fahndung nach *Argus* ein, verschwieg die ganze Brutalität und Tragweite des Geschehens. Bei späteren Kriminalfällen gingen Presse und Verbrecher diese unheilige Allianz für hohe Auflagen und spektakuläre Schlagzeilen nur allzu gern ein: Gladbeck, Reemtsma, Hanns Martin Schleyer.

In Leipzig weiß man 1909, daß es sich bei *Argus* um einem Mörder handelt, mit dem man in Kontakt steht und den es unbedingt zu fassen gilt. Denn sowohl der *Fall Windmühlenstraße* als auch der *mysteriöse Überfall auf jene Dame in der Gottschedstraße* erwiesen sich als stattgefunden. Wahrscheinlich gehen in Leipzig noch mehr Straftaten auf *Argus'* Konto. Möglicherweise, wenn auch nicht welt-, so doch europaweit. Deshalb veröffentlichte fortan die Presse teilweise *Argus'* Korrespondenz mit Siegfried Weber, und man ging erneut auf die Forderungen von *Argus* ein, bekundete nunmehr starkes Interesse am verbrecherischen Manuskript seiner Mords-Memoiren.

Doch »auf das in den *Leipziger Neuesten Nachrichten* am 5. Februar veröffentlichte Inserat: ›A. R. 120. Ja.‹ ließ der Mörder zunächst nichts von sich hören, antwortete aber auf ein zweites Inserat am 8. Februar: ›A. R. 120. Ja, muß geschäftlich verreisen‹, gleich am nächsten Tage mit einem siebenten Brief.

Sie wollen geschäftlich verreisen, und, – das hätten Sie noch hinzufügen sollen, – möchten vor Ihrer Abreise Genugtuung haben, mich unschädlich gemacht zu sehen. Verreisen Sie ruhig, meine Glückwünsche begleiten Sie.

Wozu soll ich mir nochmals die Mühe machen und versuchen, von Ihnen diese Bagatelle zu bekommen? Wo Sie doch nur immer wieder in unglaublichster Verblendung versuchen werden, mich hinters Licht zu führen. Die Veröffentlichung unserer Korrespondenz hat mir gute Dienste geleistet. Sechs Herren haben mir seither ohne jede Umschweife das verlangte geschickt. Es gibt auch noch einsichtige Leute. Fünftausend Mark sind kein Pappenstiel, aber meinetwegen Fünfzigtausend oder Fünfhunderttausend, das Resultat wird immer negativ sein. Die Behörde wird schon ihre Ohnmacht einsehen lernen. Ich habe es schon mit ganz anderen Leuten zu tun gehabt.

Meinetwegen verhafte man ganz Leipzig, ganz Deutschland, und man wird doch den Täter nicht haben, aber der selbe würde sich ganz kannibalisch freuen darüber, denn, man würde sich bei ihm höchst zuvorkommend entschuldigen, über die ihm zugefügten Belei-, und Belästigung. ›Denn einen Mann von ,Standt‘, ist so etwas nicht zuzutrauen‹ (!) So äußerste sich am Montag abend im Ratskeller ein höherer Beamter von Leipzig. Der gute Alte. Haha – –

Also Herr Weber, glückliche Reise!

Es geht wohl nach Berlin? u. a. w. g.

Mit Rücksicht auf die Persönlichkeit des Mordbuben inserierte Staatsanwalt Dr. Mühle hierauf am 10. Februar: »A.R. 120. Unsinn, wohin?« Worauf am gleichen Tage nachmittags der nachstehende achte Brief in seine Hände gelangte.

»Unsinn – –? Nun wir werden es ja sehen. Vorläufig bin ich vom Gegenteil überzeugt. Ich kann Ihnen nur immer wieder versichern, das – und mögen Sie es noch so geschickt anfangen – es nie gelingen wird, mir eine Falle zu stellen. Wenn sich Ihr oben aufgeführter Satz bewahrheitet, so soll es mich freuen, und Sie werden es nie bereuen. Wenn sich aber meine Annahme bestätigt, dann sind Sie, sowohl Ihre Famielie, bedauernswerte Menschen. Im Fall Sie geneigt sind, mein Werk zu verlegen, wird ich mir Ihnen gegenüber ganz besonders dankbar erweisen.

Wenn Sie also gewillt sind, meine Bedingungen zu erfüllen, so tun Sie es bitte folgendermaßen: Die Sendung unter keinen Umständen wieder im Brief mit der Aufschrift! Machen Sie ein kleines Päckchen, vielleicht einen ganz kleinen Pappkarton und zwar so, das man auf keinem Fall bemerkt, was in dem Päckchen enthalten ist. Es soll und darf kein Mensch davon eine Ahnung haben, das Geld darin ist. Versehen Sie es bitte mit folgender Aufschrift: ›Hermann‹! 120, A und bringen Sie dasselbe nach Hainstraße, zu Bäckerei und Conditorei von Mühlenberg! Bis um 6 (sechs) Uhr!

Sagen Sie bitte den Leuten, sie möchten doch bitte mal das Päckchen aufbewahren, bis dasselbe abgeholt werden wird.

A. R.«

Noch immer hat *Argus* die Buchlegung seiner Memoiren nicht aufgegeben und kämpft um ein Honorar dafür. *Fünftausend Mark sind kein Pappenstiel.* Die Ermittler sind sich nunmehr sicher, dass sich *Argus* in finanziellen Schwierigkeiten befindet. Warum sonst hält er die bislang wenig gewinnbringende Korrespondenz aufrecht, wohl wissend, dass die Polizei längst involviert und ihm auf der Spur. *Argus* braucht Geld. Seine soziale Lage ist prekär, er ist aufs Honorar von Siegfried Weber angewiesen. Das ist ihm noch ein Rettungsanker. Stetig minderte er seine Forderungen. Von ehemals veranschlagten 30.000 Mark, verlangt der Autor für seine Memoiren nur noch zwei, um überhaupt an Geld zu kommen. Doch zur Entlarvung führte bislang nichts. Dieser Täter – ein Phantom.

Die Polizei ist ratlos und spekuliert in alle Richtungen. Französisch und die deutsche Sprachbeherrschung, der durchaus gewandte Ausdruck des Schreibers wirken geschult, sind sich die Experten einig. Vielleicht ist er im hiesigen Druck- oder Verlagsgewerbe tätig. *Wenn ich gerade dies Ihnen anbiete, so aus dem Grunde, weil mein Vater früher mit Ihnen in geschäftlichen Beziehungen stand.* Familiär scheint er alle Bindungen verloren. Unerkannt mischt er sich unters Volk und observiert die polizeilichen Observationen, die ihm gelten. *Und dann diese andern »Beamten«??! Oh! Horror! Alles Prachtexemplare. In der Tat!* Sein offensichtlicher Hang zur Verkleidung könnte auf einen Transvestiten weisen. Ist *Argus* ein Päderast, spekulieren die Ermittler, Antworten haben sie auf alle Fragen keine.

Doch nicht nur Leipziger Polizisten spekulieren. Mittlerweile hat der Fall von *Argus'* Mords-Memoiren auch überregional Beachtung gefunden. Die Leipziger Behörde steht überregional in keinem guten Licht. Hohngelächter und makabre Annoncen aller Orten und Druckerzeugnisse: »A.R. – ganz Ihrer Meinung! Ich drucke, 50.000 kein Problem.« Später widmen sich ganze Bücher dem Spektakel. Letztlich hilft den Ermittlern nur der Zufall und die Entschlossenheit des Verlegers Siegfried Weber.

Zunächst aber wurde in der *Conditorei von Mühlenberg* (Hainstraße 8) ein Paket mit einem höheren Geldbetrag hinterlegt »und eine scharfe Beobachtung des Ladens sofort eingeleitet. Bereits am Donnerstag, den 11. Februar, erschien nachmittags gegen ½2 Uhr ein Schulmädchen, das der Mörder auf dem Markt beauftragt hatte, und holte das hinterlegte Paket ab. Sie ging damit vor das alte Rathaus und wartete dort. Der Mörder, der sich in der Nähe aufgehalten haben muß, wagte es jedoch nicht, an das Kind heranzutreten. Das Mädchen brachte nach einer halben Stunde das Geld wieder in das Mühlenberg'sche Geschäft zurück. Der Raubmörder hatte offenbar den Mut verloren, sich an das Kind heranzuwagen, wie aus dem noch am selben Tage in die Hände der Behörden gelangte neuntem Briefe hervorgeht.

Ich glaube jetzt doch, das ich Recht hatte. Denn warum rannte gleich eine Verkäuferin des Bäckers schrägrüber in ein Lokal, als ich meinen Boten hinschickte – –? Als ich das sah, wuste ich genügend. Jedenfalls hat sie jemand benachrichtigt! Ich glaube wenigstens bemerkt zu haben, das sofort darauf einige, mir gut bekannte Herren erschienen, und hielt es für angebracht, schleunigst zu verschwinden. Sie haben unter diesen Umständen auch kaum das verlangte Päckchen hingeschickt! Ist es nicht so? Sollte ich mich getäuscht haben, so wäre das direkt ärgerlich, denn dann hätte das Geld ja der Bote, wenn er es nicht wieder zu dem Bäcker getragen hat.

Nun glaube ich aber, mich nicht getäuscht zu haben, denn wäre die Geschichte mit rechten Dingen zugegangen, dann hätte man doch das Päckchen dem Boten sofort geben können, aber der kam ja gar nicht wieder!!

Sollte ich mich doch getäuscht haben – was ja alles möglich ist, so lassen Sie mir bitte unter ›A.R. 120 getäuscht‹ Antwort zukommen, und ich werde, falls dies zutreffen sollte, noch einmal zu Mühlberg schicken.

Sollte sich aber bestätigen, daß mein Verdacht zutrifft, dann werde ich sofort meine Genossen telegrafieren, sie sollen auf der Stelle kommen, und dann gnade Ihnen. Keine Rücksicht wird in diesem Falle genommen. Auch mögen sich diejenigen wohl hüten, welche sich einbilden, mich zu fangen, ich bin jede Sekunde gerüstet, und bis an die Zähne bewaffnet. Etliche müßten unbedingt daran glauben.

Hierauf wurde sofort das Inserat: ›A. R. 120, getäuscht‹ erlassen, und die Überwachung des Mühlberg'schen Ladens fortgesetzt. Unterdessen war am 12. Februar in unserer Redaktion der nachstehende Brief eingegangen:

Sehr geehrte Redaktion!
Ohne besonders auf ihre mehr oder weniger entstellten, das wichtigste unterschlagende Artikel einzugehen, wollen Sie, bitte, folgendes zur Kenntnis nehmen, und falls es Ihnen beliebt, zur Kenntnis Ihrer Leser bringen: So vergeblich es für die Bewohner Leipzigs sein wird, jemals auf dem Mond spazieren gehen zu können, so vergeblich wird Ihre Hoffnung sein, uns bald gefangen genommen zu wissen.

So lächerlich und überhebend diese Erklärung vielen klingen mag: Die Zukunft wird es bestätigen, inwieweit, diese meine Erklärung ›auf Renommisterei‹ beruht. Wir haben es schon mit ganz anderen Leuten als es die Leipziger Behörde ist zu tun gehabt.

Sie alle haben die Ohnmacht uns gegenüber einsehen müssen. Man möge die Probe aufs Exempel machen, und alle Bewohner Leipzigs, welche sich im 20–30 Jahre befinden, verhaften, man wird genau so weit sein wie vorher. Auch die Höhe der Belohnung wird nichts dazu beitragen, uns zu fassen. Man könnte den Betrag verzehn-, verhundertfachen, das Resultat bliebe das gleiche. Damit mag sich das Bürgertum im allgemeinen, die wohllöbliche Behörde im besonderen nur ruhig abfinden, wenns auch schwer fallen mag. Was sie gesät, das soll sie jetzt im ausgiebigsten Maße ernten meine richtige Rache wird erst noch kommen.

Was die ›bürgerliche Entrüstung‹, ob dieser Schandtaten anbetrifft, so versteht sie wohl keiner besser einzuschätzen als ich, keiner mehr zu würdigen als ich.

Ich selbst habe, bevor ich wegen einer lächerlich geringen Verfehlung – nicht wie man fälschlich annimmt wegen Eigentumsvergehen oder Unterschlagung – die Bekanntschaft mit dem Gefängnis machte, selbst so geurteilt und solche Fälle aus dem Grund meiner Seele verabscheut; habe selbst es nicht fassen können, wie ein Mensch zu solch einer Tat fähig sein kann.

Ich entstamme keiner sogenannten ›Verbrecherfamilie‹, sondern einer durchaus unbescholtenen, gut bürgerlichen, von denen heute noch Angehörige derselben angesehene Ämter bekleiden. Das diese meine Famielie und Angehörige durchaus keine Ausnahme anderer bürgerlichen Famielien in Bezug auf Mucker, Spieler und Philistertum machten, bedarf wohl keiner Erwähnung, das versteht sich am Rande; denn sonst wäre es auf keinen Fall soweit mit mir gekommen. Diese traurigen, erbärmlichen Kreaturen sie schämten sich meiner weil ich mal im jugendlichen Übermute einen Fehltritt tat; sie verleugnen sich nie, diese ganze verdammte Philisterbande. Aber wartet nur, der Tanz geht erst los.

Man glaubte damals, mich aus der Verzweiflung in die Arme der Philister treiben zu können, und fast hätten sie ihren Zweck erreicht. Alles kleinliche, intrigante rächt sich auf Erden. Was hat man sich damals nicht alles mit mir erlaubt! Zum Himmel stinkt es. Eine Wut packt mich, eine grenzenlose Wut wenn ich daran denke. Ich mus an mir halten, um nicht den ersten besten vollgefressenen, tugendsamen, in seiner anmasenden Würde direkt ekelhaften Repräsentanten dieser Mucker und Philister, die so sich ›gebildet‹ nennen – nicht auf offener Straße niederzuschlagen wie einen tollen Hund, so wie sie es von Rechts wegen verdienten. Aber damit wären diese ›Herren‹ durchaus nicht gestraft, man kann sie viel empfindlicher treffen, nämlich an ihrem

Allerheiligen: dem Geldsack. Und das mögen sich diejenigen gesagt sein lassen: Wer dieser Tage die Aufforderung von mir bekommt, eine bestimmte Summe an einem näher bezeichneten Ort zusenden, und dieser Aufforderung nicht strikte nachkommt, beweist damit, das ihm sein Mammon lieber ist, als sein Leben, und werden wir auch dem entsprechen ihm gegenüber verfahren. Ein Übergeben dieser Aufforderung an die Behörde, wird ein Schlag ins Wasser sein. Diejenigen aber, welche es sich zur Aufgabe machen, mich zu fangen, möchte ich den guten Rat geben, – anständig wie ich nun einmal bin, – sich möglichst einen stich- und kugelsicheren Panzer unterzuziehen; Denn es kann der Fall eintreten, das ich die Herren plötzlich überrasche, anstatt sie mir. Heissa, soll das einen Tanz geben, wie ihn Leipzig noch nicht gesehen! Die Passanten aber, welche sich dann zufällig in Nähe befinden, mögen sich, ist ihnen ihr Leben angenehm, rechtzeitig Deckung suchen.

Was dem als Post-Depeschen-Träger verkleideten Detectiv anbetrifft, so möge er sich bei der Dame bedanken, welche, als ich gerade meinen Browning abdrücken wollte, – vor ihm stehen blieb, und damit mir das Ziel verdeckte.

Es wird schon mal passen!

Am Montag, den 15. Februar, entschloß sich der Mordbube, der bis dahin ebenso wie bei Becker nichts von der Observation gemerkt hatte, nochmals zu versuchen, sich in den Besitz des bei Mühlenberg hinterlegten Pakets zu setzen. Er schrieb an das Eilboten-Bureau in der Härtelstraße wie folgt:

Sehr geehrte Herr!
Lassen Sie bitte heute abend punkt 6 ½ Uhr von Herrn Bäckermeister Mühlenberg, Hainstraße 8, das bei demselben niedergelegte Päckchen abholen, welches ich dann später hole.
Achtungsvoll A. R.

Das Paket wurde auftragsgemäß ½ 7 Uhr bei Mühlenberg durch einen Boy abgeholt und nach der Eilbotenzentrale gebracht. Das ›Scheusal in Menschengestalt‹ zog es aber vor, sich weiterer Gelüste nach dem Gelde zu enthalten und verabschiedete sich bis auf weiteres am 16. Februar mit einem zwölften Briefe:

Bravo, Bravissimo!
Grosartig gemacht, in der Tat grrrosartig! Na diesmal habt ihr ja definitiv den Beweis gegeben, wie ›rrreell‹ ›Ihr‹ es meint. Für mich ist es nach dem, was ich heute beobachtet habe, vollständig ausgeschlossen, das ich mir am Donerstag getäuscht habe. Bis heute glaubte ich indes, das es tatsächlich der Fall gewesen wäre; seit heute Abend, weis ich das Gegenteil. Auch das man in der Dame mit dem dunkelblauen Kostüm, welche sich verschiedene diverse Törtchen und Gebäcke kaufte und dann später auf und ab promenierte, den so sehnlichst gesuchten vor sich hatte, vermutete man nicht. Ja ich glaubs, um solch eine Taille wird mich manche Dame beneidet haben. Bei dem heutigen Stande der Kosmetik, ist es ja, – bei etwas Geschick – eine Kleinigkeit als Dame aufzutreten, was die Leipziger Behörde auch wissen könnte. Abgesehen von der Ignorierung der ›Dame‹, hat man sich im grosen und ganzen etwas geriebener benommen als bisher. Allerdings, wie man nun wohl bald einsehen lernen wird, alles ohne Erfolg. Was nun die Herren Webers anbetrifft, so habe ich das sichere Gefühl, – und das täuscht mich nie! – – das ich mich diese Herren mal auf eine ganz besondere Art »kaufe«; was ich in dieser Beziehung geschworen habe, wird unbedingt ausgeführt. Irgend wo und irgend wann.
Mit ihrem ›alles daran setzen‹, haben sie kläglich Fiasko erlitten, was ich ja stets durchaus immer und immer wieder betont. Solche Herren sollten aber wohl wissen, das Theorie und Praxis, ein Unterschied wie Tag und Nacht ist!
Was glaubt und denkt man eigentlich! Man wähnt wohl

einen bornierten Schwartenleser vor sich zu haben, dem der Erfolg seiner ›Taten‹ zu Kopfe steigt und dem Renommisterei alles, das tatsächliche aber nichts ist? Wenn man dies wähnt, umso besser für mich.

Was ich von die Herren Webers von nun an zu halten habe, weiß ich, nachdem, ich sie auf den Zahn gefühlt. Auch verschiedene andere habe ich darauf gefühlt, von denen einige allerdings sich in richtiger Erkenntnis der Sachlage vorsichtiger gehandelt haben.

Aber all ihr anderen Philister und Spieler und Duckmäuser! Klammert euch ruhig weiter inbrünstig an eure liebe Behörde. Es soll mir von nun an eine heilige Pflicht werden, gerade euch speciell einige ganz besondere Denkzettel zu verabreichen. Einfachen und mittleren Leuten, soll von nun an alle Zukunft von mir und meinen Genossen, kein Haar gekrümmt werden. Wir werden bei einer gelegentlichen Beraubung des Staates – eine Specialität von uns – unsere Taktik dahin ändern, das einfache Leute und Beamte auf keinen Fall wieder zu diesen Sachen als Mittel zum Zweck benutzt werden, um dadurch ihr ohnehin schon trauriges Leben eventuelle einzubüßen. Und würden die Wohlhabenden und schwerreichen Leute vernünftig sein und ohneweiteres meine bescheidenen Forderungen erfüllen, – denn alles was ich verlange, ist immer den Vermögensverhältnissen des betr. angepast, – dann braucht kein Mensch um sein Leben besorgt zu sein. Sobald ich aber sehe, das von einem dieser Leute sein Gold lieber ist als sein Leben, werde ich keine Rücksicht noch Hindernisse kennen, demselben sein überflüsiges Protzendasein so schnell als möglich zu beendigen.

Denn derartige Individuums, welchen ihr Gold über alles geht, sind gewöhnlich die skrupellosesten Ausbeuter und Kujonierer ihrer Mitmenschen, welche denn auch von mir mit dem ›radikalsten Mittel‹ unschädlich gemacht werden, zum Wohle aller.

Am Sonnabend schickte mir nun ein sehr wohlhabender

Herr, auf meine Aufforderung, soeben das verlangte, – es waren dreisig blaue Lappen, einen Brief, in dem er an mein, dem ›Scheusal in Menschengestalt‹, wie er sich sehr gewählt ausdrückte, – Ehrgefühl appelierte und mir bittet, von nun an Deutschland, mein ›Vaterland‹ (!) den Rücken zu Kehren und speciell Leipzigs. Einwohnerschaft in Ruhe zu lassen. Ich werde dem Herrn, das er so anständig war, für vorläufig seine Bitte erfüllen, aber das diejenigen in Leipzig für ›immer‹ Ruhe vor mir hätten, welche glaubten mich veralbern zu können, kann ich demselben nicht versprechen. Ich werde sie dann überraschen, wenn sie am allerwenigsten daran denken.

Gehabt euch wohl!

Auf ein weiteres Inserat vom 18. Februar: ›A. R. Törichte Schreiberei, scheinen Gespenster zu sehen, weshalb nur bis M. B.? Also Rücktritt vom Geschäft? Hätten es gern erledigt gesehen, nicht unsere Schuld‹, hat der Mörder nicht wieder reagiert.«

Nach diesem Brief No. 12 verstummt *Argus* – das »Scheusal in Menschengestalt«. Kein Brief. Kein Wort. Kein weiteres Angebot fürs »Werk, welches das größte Aufsehen in der ganzen Welt erregen wird«.

III. Act

Auch vom letzten Akt des Dramas liest man in der Zeitung.

»Mordversuch 300 Mark Belohnung
Heute am 24. März 1910, frühmorgens gegen ¾ 7 Uhr ist das bei der Private Rauer in der Liviastr. Nr. 2, II., bedienstete Mädchen Marie Hulda Seifferth im Innern des Vorsaals hinter der Vorsaaltür bewußtlos in einer Blutlache aufge-

funden worden. Nach der Überführung in das Krankenhaus sind bei der Seifferth 8 Wunden auf dem Kopfe festgestellt worden, die zweifellos von einem stumpfen Instrument, vermutlich dem Rücken eines Beiles oder Hammers, beigebracht worden sind. Hiernach liegt offenbar ein Verbrechen vor, an dessen Vollendung der Täter vermutlich gestört worden ist. Irgendwelche Wertgegenstände oder Geld werden nicht vermißt.

Als Täter kommt in Frage eine bisher nicht ermittelte, auch nicht näher zu beschreibende Mannsperson, die sich Zutritt zu der Wohnung zu verschaffen gesucht hat durch Abgabe eines aus drei Fliederbüschen bestehenden Blumenstraußes (gefüllter weißer Flieder und einfacher blauer Flieder). Der Strauß ist an seinem Ende mit lila Papier, wie es zur Umhüllung von Blumenstöcken verwendet wird, umwickelt und vermutlich ganz in Zeitungspapier eingeschlagen gewesen. Anzunehmen ist, der Täter hat sich schon gegen 6 Uhr früh Eintritt in das Haus zu verschaffen gesucht, ist aber gestört worden und hat sich bis gegen ¾ 7 Uhr in der Nähe verborgen gehalten.

Alle Wahrnehmungen, die zur Ermittlung des Täters und zur Aufklärung des Sachverhaltes dienen können, bittet man der Kriminalabteilung des Polizeiamtes unverzüglich mitzuteilen.

Dort liegen Fliederstrauß und Papierhülle zur Einsicht aus.

Die obige Belohnung wird demjenigen zugesichert, durch dessen Angaben Ermittlung und Überführung des Täters gelingt, vorbehaltlich angemessener Verteilung falls mehrere Berechtigte Anspruch erheben.«

Schnell haben die Ermittler festgestellt, daß »der Blumen-(Flieder-)Strauß am Abend vor der Tat, am Mittwoch, den 23. März 1910, abends gegen 8 Uhr, in der Kronprinzenstraße (Kurt-Eisner-Straße) gekauft und zweimal mit

115

weißem Seidenpapier umhüllt worden ist«. Der Täter kann beschrieben werden: Mitte der Zwanzig, schlank, aber kräftig, dunkelblondes Kopfhaar, Schnurrbart. Auffällig waren »auf beiden Wangen viele rote Pickel, genannt Blüten«. Einen angenehmen Eindruck hat der Täter nicht gemacht, eher finanziell abgekommen, ungepflegt.

»Bei der Tat hat sich der Täter annehmbar mit Blut stark besudelt.« So werden »Schlafstellenvermieter, Herbergswirte, Kaffeestubensitzer usw. hierauf besonders aufmerksam gemacht, da der Täter mit dem Blumenstrauß irgendwo genächtigt und dann sehr früh seine Schlafstelle verlassen haben muß, wenn er sich nicht während der ganzen Nacht in der Nähe des Tatorts herumgetrieben hat. Spaziergänger im Rosental bitten wir, nach einem eventuell weggeworfenen Werkzeug (Hammer oder Beil) zu fahnden.«

Am 3. April wird ein Verdächtiger verhaftet: Alfred Engst war »mit einem Fliederstrauß in der Gaststube von Schmidt auf der Nordstraße« gesehen worden. Doch erweist sich seine Unschuld. Die Belohnung zur Ergreifung des Täters wird um 1.000 Mark erhöht. Viele Zeugen melden viel Verdächtiges. Aber auch diesmal hat die Polizei keine heiße Spur, kann Zusammenhänge nicht erkennen.

»*Argus*, einer der gefährlichsten Verbrecher, die je Leipzig unsicher gemacht haben, konstatierte in seinem ersten Brief, es werde der Polizei nie gelingen, einen einigermaßen intelligenten Täter zu fassen. Er fühlte sich offenbar sehr sicher – und behielt im Grunde recht. Er wurde zwar festgenommen, doch nicht durch die Polizei, sondern durch den Siegfried Weber.

Am 12. August 1910 rüstete sich der Verleger gegen achtzehn Uhr zu einem Jagdausflug. Sein Chauffeur wartete bereits mit dem Wagen vor dem Haus. Weber wollte eben nach der Waffe und dem Fernglas greifen, als ein Junge von der Straße an seiner Wohnungstür klingelte und einen weiteren Brief von *Argus* überbrachte. Der Verlagsbuchhändler sprang auf. Er hatte genug von dem Spiel, und er war entschlossen auf jede Gefahr hin, die Sache in seine eigenen Hände zu nehmen und Schluß mit dem Burschen zu machen. Er gab dem Jungen eine rasch geschriebene Antwort und warf sich in sein Auto. Sie folgten dem Boten, und als dieser zwei Männer ansprach, trat die Jagd nach *Argus* in das entscheidende Stadium. Die Männer flohen. Weber, sein Chauffeur und ein schnell auf der Straße herbeigewinkter Schutzmann setzten hinterher. Nach einer abenteuerlichen Verfolgungsjagd durch fast die gesamte Innenstadt konnte Siegfried Weber einen der Täter stellen: Karl Koppius, arbeitsloser Kellner. Wenn von Großtaten im Kampfe gegen das Verbrechertum die Rede ist, dann soll der wackeren Tat des Verlegers Weber und seines Chauffeurs immer rühmend gedacht werden.

Karl Koppius leistete keinen Widerstand, als man ihn packte. Er war vollkommen ausgehungert und erschöpft, er hatte nicht einmal 10 Pfennige mehr gehabt, um sich morgens mit einer Tasse Kaffee zu stärken. Sein Komplice Fritz Koppius lief der Polizei am andern Morgen in die Falle. Die Handschrift der Erpresserbriefe verriet sie. In ihnen hatte man das vier Jahre lang gesuchte Mörderpaar endlich ergriffen.«

Die Gebrüder Koppius gestehen. Und sie gestehen nicht nur den Mordversuch an Hulda Seifferth. Die Zeitung verkauft im Sonderdruck:

»Das Geständnis der Raubmörder Karl und Fritz Koppius
Leipzig, 17. August 1910. Am 16. August 1910 hat die Staatsanwaltschaft ihre Erörterungen gegen die Brüder Koppius wegen der verschiedenen in den letzten Jahren hier verübten schweren Straftaten abgeschlossen und die Sache an den Untersuchungsrichter beim Landgericht Leipzig weiter-

gegeben. Dem Staatsanwalt Dr. Mühle ist es nicht nur gelungen, den Brüdern Koppius eine große Anzahl schwerer Verbrechen nachzuweisen, sondern er hat auch beide zu umfassenden Geständnissen gebracht.

Danach hat Karl Koppius, während er in der *Taberna* in Stellung war, nach einem einmaligen vorherigen mißglückten Versuch vom 14. Dezember 1906 am 17. Dezember 1906 den Geldbriefträger Rübner mit dem Hammer niedergeschlagen. Und zwar im Treppenhaus des Grundstückes Nikolaistraße 11/13, hat mit einem eigens dazu geschliffenen Messer ihm beide Bestelltaschen abgeschnitten und mit diesen etwa 9.000 Mark geraubt. Den Raub hat er zunächst vorübergehend im Kohlenschuppen des Weinrestaurants *Taberna* untergebracht und bis zum Herbst 1907 in der Hauptsache durch Verlust bei Rennwetten verloren.

Am 5. Oktober 1907 hat Karl Koppius weiterhin einen Raubmordversuch an der Fabrikbesitzersehefrau Wagner im Treppenhaus des Grundstücks Gottschedstraße 15 verübt. Er kannte die Wagner nicht, traf zufällig mit ihr am genannten Tage in der Nähe des Marktes zusammen, wo sie durch ihre Brillanten und ihr silbernes Geldtäschchen seine Aufmerksamkeit erregte. Da er völlig mittellos war und am 17. Oktober heiraten wollte, folgte er kurzentschlossen der Wagner bis zum Grundstück Gottschedstraße 15, drängte sich vor ihr durch die Haustür und fiel sie im Treppenhaus mit seinem Taschenmesser an, indem er versuchte, ihr den Hals zu durchschneiden. An der Durchführung der Tat wurde er durch die gellenden Hilferufe der Frau und durch das Einklappen seines Taschenmessers gehindert.

Die Ermordung der Friedrich'schen Eheleute haben die Brüder Karl und Fritz Koppius gemeinschaftlich verübt. Zunächst war beabsichtigt die Tat im Grundstück Petersteinweg 1 auszuführen. Da dort die Untermieter noch in der Wohnung waren, begaben sich die Brüder Koppius in die Friedrich'sche Wohnung. Die Eheleute Friedrich sind mit einem schweren Hammer von Karl Koppius niedergeschlagen worden. Fritz Koppius hat sich besonders an der Tötung der Friedrich'schen Eheleute mit beteiligt. Karl Koppius empfing den Geldbriefträger. Fritz Koppius hatte es übernommen, ihn mit dem Hammer niederzuschlagen. Die Ermordung und Beraubung des Geldbriefträgers ist nur unterblieben, weil der zweite Briefträger vor dem ersten nicht wegging.

Die seinerzeit veröffentlichten und auch die späteren Erpresserbriefe an die Firma Weber hat bis auf einen Teil des zweiten Erpresserbriefes und einige Adressen (derselben), die Fritz Koppius geschrieben hat, Karl Koppius geschrieben und auch selbst verfaßt. Bei den verschiedenen Versuchen, die erwarteten Geldbeträge abzuholen, sind beide Brüder tätig gewesen. Ein dritter Täter kommt weder für den Friedrich'schen Mord noch für die Erpressungen in Frage.

Endlich haben die Brüder Koppius gemeinschaftlich auch das Attentat in der Liviastraße vom 24. März 1910 verübt. Sie haben zusammen am Abend vorher den Einkauf des Fliederstraußes bewirkt, im Laden war Fritz Koppius. Bei der Tat hat Fritz Koppius dem Dienstmädchen Seifferth zunächst den Strauß überreicht, dann ist er ihr an den Hals gesprungen, hat sie zu Boden geworfen. Darnach hat Karl Koppius mit einem Hammer das Mädchen wiederholt auf den Kopf geschlagen. Verscheucht wurden die Täter durch das Schreien des Mädchens und das Klingeln der Rauer. Beabsichtigt war, diese und das Dienstmädchen umzubringen und die Wohnung auszurauben.

Die Geständnisse der Brüder Koppius decken sich gegenseitig vollständig. Auf die Angabe des Karl Koppius ist auch im Walde hinter der Kettenbrücke der Hammer, den er zur Ermordung der Eheleute Friedrich und zum Attentat auf die Seifferth verwendet hatte, gefunden worden.«

Leipzig atmet auf. Die Verbrecher stehen alsbald vor Gericht. Karl Koppius »hat in der ganzen Verhandlung starke

Energie, entschiedenen Geist und Witz und nur einmal Bedauern gezeigt: als er darauf zu sprechen kam, wie er an einem unglücklichen Tag, als er körperlich schlecht disponiert war, von seinen Verfolgern, die er verächtlich als Idioten bezeichnet, überwältigt und gefangen wurde. In seinen Briefen und Äußerungen spricht er sich weitaus stärker, als man es sonst von Mordprozessen her kennt, die soziale Wut aus. Er hat auch heute noch nicht die Spur einer Mitleidsregung mit seinen Opfern: er hatte Hunger, sie hätten mehr Geld. Als sie brauchten; Todfeinde, basta. Diesem Mann hat es von Natur aus an nichts gefehlt, um ein wertvoller, vielleicht ein bedeutender Mensch zu werden: starkes Denken, Stolz, Empfindung, Phantasie, alles hatte er; und seine kindische, übrigens durchaus stereotype Verbrechereitelkeit kommt ganz vom Mangel an Bildung oder Heuchelei, wie man's nennen will. All seine ungeheuere Bosheit und Erbarmungslosigkeit ist Schuld der Gesellschaft, die ihn nicht aufkommen, die ihn nicht zu seinem Berufe, die ihn nicht zur Übung des Denkens kommen ließ. Aber so sind mehrere seiner Aussprüche durchaus des Merkens und des Aufbewahrens wert, und es wäre zu wünschen, daß ein ausführlicher Prozeßbericht mit der wörtlichen Wiedergabe seiner Briefe erschiene. Jetzt sind wir auf die ungenauen Angaben der Tagespresse angewiesen. Er schreibt, daß die großen Verbrecher, die nach dem Grundsatz handeln: *Quidquid agis, prudenter agas et respice finem* (Was du auch tust, tue es klug und bedenke das Ende), seltener seien als die großen Diamanten. Er spricht von selbstzufriedenen Philistern; ernennt auch die, die prassen und Tausende verhungern lassen, Mörder. ›Die ganze Gesellschaft, die Jesum Christum anbetet, und von Ethik und Ästhetik überfließt, mordet.‹ ›Alle Verbrechen sind nur das Spiegelbild der heutigen Gesellschaft.‹ Er spricht von den ›Preßpiraten und Preßparasiten und andern Clowns, die vom Leben soviel verstehen wie der Ochse vom Sonntag‹. Er erklärt, er selber habe keine Spur von Moral in sich und keinerlei Respekt vor der Gottähnlichkeit der Reichen. Vieles von allem mag angelesen und nicht originell sein; aber er hat es durch den ingrimmigen Volkston seiner Sprache zu seinem Eigengut gemacht; und vor allem: in dem Munde eines Mannes, der so furchtbar getan hat, wie er dachte, wirken solche Worte wie das, was wir unmittelbare Eingebungen eines Genies nennen, obwohl es ja auch nur Weiterleben des immer Gewesenen ist.

Kurz vorher, als Karl Koppius beim Militär stand, machte er den Eindruck eines seltenen warmen Menschen von Gefühl und rührend-liebenswürdiger Phantasie. Er machte den Eindruck, er war so. Der Offizier, bei dem er diente, hatte ein Kind, das Karl Koppius liebgewonnen hatte; in der Nacht vor dem Geburtstag des Kindes stand er auf, um in heimlicher Liebe das Bett des Knaben mit Blumen zu überschütten. Diesen glühenden Jüngling hat die Gesellschaft zum wilden Menschensein, zum Räuber und Mörder gemacht. Und nun wird sie diesem, ihrem eigenen Kind, damit die Schande aus der Welt kommt, den Kopf abhacken. Wollten wir diesen Menschen die gräßlichen Wochen, die zwischen der Verurteilung und der Vollstreckung liegen, ein wenig erleichtern, ihm irgendetwas Liebes tun, und wär's auch nur, daß wir ihn von den Blumen in seinen Keller schickten, die er einst über das Bett eines verzärtelten Knaben gestreut hat, – es würde von der zu Stein gewordenen Gerechtigkeit als äußerst unstatthaft zurückgewiesen werden. Wir können nichts für ihn tun. Er hat viel für uns getan, wenn wir uns sein Schicksal zu Herzen, zu Hirn und zu Hand gehen lassen.

Karl Koppius war ein Mensch wie wir. An unserer Natur, unserem Wesen, unsrer Menschenart liegt's nicht, daß es so grauenhaft zwischen uns hergeht. Das ist schuld, was zwischen uns hergeht, daß wir nicht das halten, was wir versprechen; daß wir nicht das sind, was wir doch sind. Besser wird's erst, wenn die Menschen keine Rolle mehr spielen; wenn sie sich so zueinander verhalten, das heißt, so ihre

Verhältnisse zu einander ordnen, wie jeder in Wahrheit ist. Heute ist's so, daß die Kleider, die wir umhängen haben, einander auf Leben und Tod bekämpfen, daß aber die lebendigen Menschen an Leib und Seele die Wunden davon tragen. Der Waffenrock und die Arbeitsbluse sind heute die Dirigenten des Lebens; das Fleisch und Blut, daß darin steckt, ist der mechanische und folgsame Automat. Stellt die Ordnung der Natur wieder her; verstehet das Wort des weisen Sokrates: Erkenne dich selbst! Erkenn dich selbst, wie du wahrhaft bist, hinter all dem Plunder, den du umhängen hast, und handle nicht nach den Gesetzen des Plunders, sondern nach dem Wesen des Menschen. Erkenne dich selbst, deinen Nächsten und Gleichen, in dem, der vor dir steht; erkenne ihn hinter der Larve, die er angetan hat wie du. Alle miteinander sind wir nackte Menschenleiber und lassen uns tief ins Fleisch hinein peinigen und ins Blut hinein vergiften von des Nessusgewändern dieser verruchten Fratzengesellschaft, die keiner sein will und die jeder doch ist.« Das Todesurteil ist erwartet, Karl Koppius' Gnadengesuch und die Bitten seiner Frau werden abschlägig beschieden. »Dresden, den 14. November 1910. Se. Majestät der König hat auf Vortrag des Justizministeriums beschlossen, in Bezug auf die vom Schwurgericht gegen Karl Friedrich Koppius erkannte Todesstrafe von dem Begnadigungsrecht keinen Gebrauch zu machen, dagegen die von dem Friedrich Wilhelm Koppius zuerkannte Todesstrafe in lebenslängliches Zuchthaus zu verwandeln.«

In der Begründung heißt es, Fritz Koppius sei begnadigt worden, »weil er der Verführung seines älteren und energischeren Bruders Karl erlegen war. Andre als die Leipziger Bluttaten sind ihnen nicht nachgewiesen. Der 29jährige Karl Koppius, von Beruf Flaschenspüler, dann Hausdiener, dann Kellner, war ursprünglich fleißig und arbeitsam gewesen, hatte sich eifrig fortzubilden gesucht und sich schon als junger Bursche 500 Mark zu sparen verstanden. Irgendwie war es auf einmal anders mit ihm geworden: Spiel und Müßiggang, Rennwetten, die ihm mühelosen Gewinn bringen sollten, brachten nur Fehlschläge, aber Spiel und Spekulation hatten in ihm die Sucht geweckt, auf irgendeine Art reich zu werden. Ein Zufall brachte ihn auf den Gedanken, einen Geldbriefträger zu überfallen. Als seine Hände erst einmal von Menschenblut befleckt waren, fand er keinen Weg mehr zurück. Eindringlicher als durch den Fall Koppius kann es nicht gelehrt werden, daß jeder ungesühnte Mord die Gefahr neuer Straftaten in sich trägt, und daß der Staat nicht aufhören darf, das Schwert, das er zur Bekämpfung des Verbrechertums trägt, und dessen eine Klinge Kriminalpolizei heißt, scharf und schneidig zu halten.«

Die Vollstreckung wurde anberaumt. Gäste waren zugelassen, die Platzzahl begrenzt. 50 Personen erhielten Eintrittskarten. 20 allein bot das Opfer Lisbeth Wagner aus Naunhof auf. Scharfrichter Brand waltete seines Amtes.

Die Schwestern der mörderischen Brüder beantragten einen Namenswechsel. Zu sehr erinnerte Koppius' an Bluttat und Verbrechen, war Gesprächsstoff und in der Öffentlichkeit bekannt. Ihrem Antrag wurde stattgegeben. Sie nahmen den Geburtsnamen ihrer Mutter an: Meier.

Unheil an der Heiligen Brücke

Eine Schauermär

Und so begab es sich aber vor langer Zeit, daß in der großen Handelsstadt Leipzig ein Kaufmannsehepaar innig sich liebte. Es fehlte zu seinem Glück nur noch eins: Kinder. Die Kaufmannsfrau wurde trotz aller Versuche und Mittel nicht schwanger. All ihre Gebete galten dem einen, und sie versprach: Wenn ihr trotz ihres Alters ein Kind noch geschenkt würde, sie würde es Gott, dem Allmächtigen, weihen. Das nimmer Geglaubte geschah: Die Kaufmannsfrau ward guter Hoffnung und wurde alsbald von properen Zwillingen entbunden. Maria und Katharina nannten die Eltern den Schatz und erzogen die Mädchen in Demut und Achtung. Die Mutter verstarb, als die beiden noch Kinder. Katharina und Maria wuchsen zu edelschönen, sehr klugen und lebensfrohen Jungfrauen heran. Doch trübte den Sinn ihres Vaters das Versprechen, das seine Frau Gott ehedem gab. Welchen seiner Augensterne sollte er hinter dicke Klostermauern nun geben? Schweren Herzens entschied er sich für Maria. Sie war von beiden gesetzter und würde seine Entscheidung klaglos verstehen. Die quecksilbrige Katharina aber schickte er zu Verwandten nach Altenburg. Zu sehr erinnerte sie ihn an Maria und das ihr auferlegte Opfer. Die nun lebte fortan im Kloster der Georgennonnen und war nicht mehr glücklich. Vorbei die Zeit mit Spaß, Spiel und Tanz. Nach fünf Jahren trafen sich die Schwestern erstmals besuchsweise wieder, und schmerzlich erkannte Maria, was man ihr alles genommen. Die strengen Regeln des Klosterlebens ließen nicht Zeit für Fröhlichsein und Singen und kindgerechte

Heimlichkeit mit ihrer Schwester. Dicke Mauern verbargen den herrlichen Auwald, kaum daß Maria Vogelgezwitscher vernahm. Dicht am Klostergarten plätscherte das Gewässer der Pleiße. Nonnenmühlgasse heißt die Straße noch heute. Ein junger und stattlicher Bürgersohn stakte mit seinem Kahn hier oftmals vorbei. Dabei sang er schöne Lieder, die Maria das Herz brachen, denn sie hatte sie oft mit Katharina gesungen. Und es blieb nicht aus, daß ihr Schluchzen Maria verriet. Der Blick des Jünglings hatte die unglückliche Nonne entdeckt. Erste Worte fielen ihnen noch schwer, aber mit jedem ihrer Treffen wurden sie mehr. Doch lauerte die Gefahr überall, daß die Äbtissin oder wer anders die beiden bei solch trautem Zusammensein überraschte. Allein der Gedanke an die ihr zustehende Strafe war Maria unerträglich. Auch der junge Mann litt. Aber ihrer Liebe war sich das Paar sicher: Nichts und niemand konnte sie trennen. So war der Entschluß alsbald gefaßt: gemeinsame Flucht. So geschah es: Der liebende Kerl entführte Maria heraus aus dem Kloster. Der Torwart des nahen Kuhturms gab ihnen Versteck. Das Gezeter der Nonnen war groß, die Schande sprach sich herum. Die Äbtissin schäumte vor Wut und bat den Probst des Thomasklosters um Hilfe. Heerscharen setzte man in Bewegung, um Maria zu finden und in den Schoß Gottes zurückzuführen. Doch Maria und ihr Geliebter, sie bargen sich gut.

Auch Katharina in Altenburg sah sich um ihr Glück gebracht. Sie sollte auf Weisung der strengen Verwandten den Mann ehelichen, den sie ihr zugedacht hatten: reich, aber alt, beleibt und ohne jeglichen Charme. Auch sprach er dem Trunke mehr zu als gesund. Treu sei er nimmer gewesen, sagte man, seine erste Frau ist darob vor Gram hingestorben. Nein! Dieser Zwangsheirat verweigerte sich die schöne Katharina sehr selbstbewußt und brach aus, um anderswo Glück und Liebe zu finden. So eilte sie von Altenburg fort. Doch ihr Bräutigam, der verschmähte, ritt ihr nach und erspähte hinter dicken Bäumen im Stein ihr Versteck. Sein Wissen teilte der Mann gegen Zins mit dem Thomasprobst zu Leipzig. Und der sandte die Häscher. Die arme Maid ward gefangen. Und erst im Gefängnis erfuhr Katharina, wie es ihrer Schwester ergangen, für die sie nun büßte. Und sie nahm alle Schuld auf sich. Weder Äbtissin noch Probst noch die Nonnen erkannten den Personenschwindel, der sich hier bot, denn die Schwestern glichen sich bis aufs Muttermal hinter dem Ohr. Zornbebend sprach die Äbtissin ihr Urteil. Es lautete: Tod. Zur Urteilsvollstreckung begab man sich nachts hinaus aus dem Tore hin zu den Wiesen nahe der Elster. Ein gespenstischer Zug. Die Nonnen murmelten strenge Gebete. Die Waffen der Klosterknechte blitzten im Mondschein. In ihrer Mitte: Katharina gefesselt. Auf der Brücke über die Elster band man die Maid auch noch an den Füßen und beschwerte sie mit einem riesigen Stein. Unter Flüchen und großer Verwünschung warf man die Falsche ins flüssige Grab. Aber trotz aller Heimlichkeit und der Tatnacht sprach sich die Kunde der Greuel alsbald herum. Auch Maria vernahm sie in ihrem Versteck und weinte gar bitterlich. Auch ihr geliebter Bootskapitän konnte ihren Kummer nicht trösten. Die Liebe zerbrach. Den Abend zur Nacht und den Morgen hin bis zum Tag, immer sitzt Maria fortan an der Todesbrücke und gedenkt Katharina, der lieben Schwester, die man an ihrer statt umgebracht hatte. Und Maria betet und betet und weint, bis sie zu Tode erschöpft. Ja, das Leid nahm ihr sämtliche Kräfte, sie schwand dahin. Kaum zu erkennen war die schöne Maid noch, nur Haut und Knochen. Und eines Tages griff man sie tot auf von der Elsterbrücke. Welch ein Elend! Dem Kloster zürnte man und fluchte es. Lange wohnten die Nonnen nicht mehr an dieser Stelle, und das Kloster wurde geschleift, dem Erdboden gleichgemacht. Das Leben von Maria und Katharina dagegen wurde gepriesen. Welch Vorbild an Lauterkeit, Liebe und Kraft! Sie wurden wie Heilige in eine ehrbare Grabstatt gelegt. Und die Flußquerung, wo sie gestorben, nannte man fortan: die Heilige Brücke.

1919 lag nördlich dieser Heiligen Brücke Wiese und Feld. Ein Pfad zog sich hin durchs Gras Richtung Kuhturm in Lindenau: der Kuhturmweg. Der Ziegeleiweg verlief Richtung Festwiese. Feucht war das Gelände. In Zeiten starker Wasserführung von Pleiße und Elster ward es zum See. Der Hochwasserschutz von Flutbecken und Palmengartenwehr befand sich im Bau. Abzweigend strömte der Elstermühlgraben unter der Heiligen Brücke hindurch Richtung Stadtzentrum. An der Böschung verkaufte eine Trinkhalle und präsentierte sich im Stile erzgebirgischer Bauden mit Holzfassade. Bäume standen. Froststarr das Ufer. Der Ausschank geschlossen. Die Tat geschah in der Mittwochnacht des 17. Dezember. Zeugen geben später zu Protokoll, sie hätten nachts halber drei Schüsse gehört: Meuchelmord vorm Weihnachtsfest – vorsätzlich, hinterhältig, heimtückisch,

Am Freitag melden Zeitungen:»Unsicherheit in Leipzig! Gestern früh wurde an der sogenannten *Heiligen Brücke,* hinter der dort stehenden Trinkhalle die Leiche eines etwa 25jährigen Mannes aufgefunden, der mit blutüberströmten Gesicht und offener Kleidung in einer großen Blutlache lag. Nach dem Ergebnisse der sofort von der Kriminal-Polizei aufgenommenen Ermittlungen liegt Mord, wahrscheinlich Raubmord, durch Erschießen vor. Es handelt sich vor allem zunächst darum, die Person des unbekannten Ermordeten festzustellen.

Dieser ist etwa 1,75 Meter groß, kräftig, schlank, hellbraune Augen, schwarzbraunes, vorn auffallend langes, hinten aber kurz geschnittenes Haar, längliches Gesicht, gebogene, große, weit vortretende Hakennase und ist bartlos. Der rechte obere erste Vormahlzahn trägt eine Goldkrone, die übrigen Zähne sind gut erhalten und vollständig. Bekleidet ist der Tote mit gelblichem Normalhemd, weiße, am Bunde mit einem lateinischen ›E‹ gezeichneten Oberhemd; in beiden Hemden findet sich ein roter Faden als Wäschezeichen. Der Tote trägt weiter gelblich-graue Trikotunterhosen mit drei gelben Hornknöpfen, dunkel-rotbraune, dicke wollene Wadenstrümpfe, die oben quer zwei braune schmale Streifen und in deren Mitte einen breiteren hellgrünen, weißgetupften Streifen haben, wenig getragene dunkelbraune, schwere Schnürschuhe mit je vier Paaren Schnürlöchern und je drei Schnürhaken, hellgraugesprenkelte, bis unter die Knie reichende Sporthose mit grauen Steinnußknöpfen, die die Firma A. Merkel, Montreux, aufweisen, an jedem Hosenbein befinden sich unten als Verschluß 5 kleinere, hellere, graue Steinnußknöpfe. Ferner eine wollene dunkelviolette Weste mit schwarzen Steinnußknöpfen, Futter weiß mit schwarzen Längsstreifen; links innen hinter der linken oberen Tasche befindet sich ein ziemlich Handtellergroßer Tintenfleck, der von einem ausgelaufenen Füllfederhalter herrühren dürfte. Der Tote trägt ferner weißen weichen Stehumlegekragen, der mit einer verschiebbaren und mit zwei kleinen weißen Perlmutterknöpfen besetzten Spange zusammengehalten wird, und einen gestrickten wollenen Selbstbinder mit breiten, dunkelgrünen, schmalen braunen und in diesen ganz schmalen violetten Querstreifen. Im Schlips steckt eine wappenförmige goldene Nadel mit Filigranarbeit, die einen großen ovalen Amethyst in der Mitte, zu beiden Seiten je ein blaugrünes rundes Steinchen und über dem Amethyst drei verschieden große Perlen trägt. Der Tote war außerdem noch mit schwarzen Gurthoseträgern mit vier weißlichen Längsstreifen und hellrauen Strippen, einem dunkelvioletten Jackett mit Auszeichnungszettel, der folgende Bezeichnungen aufweist: H. & Co., darunter, Form 2600, Qual. Otter, Farbe 61, Garnitur; außerdem befindet sich im Hut ein schwarzer Zettel mit goldgeprägter Aufschrift ›Der Diamanthut‹, Größe ca. 57/57½. Endlich trug der Ermordete noch einen wertvollen, graugesprenkelten Sportulster, Pfeffer- und Salzmuster, mit ebensolchem Gürtel und Stoffaufschlägen, hellfarbige Hornknöpfe, innen abgefüttert mit zobelartig dunkelbraungefärbten Fehkopffutter mit australischem Oppossumkragen besetzt, ohne Pelzärmel, Aermel gefüttert mit grauem Futter mit gelben, blauen und roten Streifen, Brusttaschen mit seitlichem Eingriff. In den Taschen befanden sich ein paar Schlüssel, offenbar Haus- und Vorsaalschlüssel, ein gelbkantiger Bleistift mit der Firmenbezeichnung Carl Kobs, Düsseldorf, sowie insgesamt 1,45 Mark Kleingeld, darunter ein Gutschein der Stadt Düsseldorf über 25 Pf. Am linken Arme trug der Tote ein schmales feingliedriges, goldenes Kettenarmband.

Die Bekundungen einer Anzahl in der Nähe des Tatorts wohnender und beschäftigt gewesener Personen über den mutmaßlichen Zeitpunkt der Erschießung des Unbekannten gehen auseinander. Alle Mitteilungen über die näheren Umstände des Verbrechens folgen nach. Wer sachdienliche Angaben dazu machen und insbesondere, wer auf Grund der obigen Beschreibung die Person des unbekannten Toten feststellen kann, wolle sich sofort bei der Krim.-Abt., Zimmer 106, oder der nächsten Polizeiwache melden.«

Das Paßfoto in Sepia zeigt einen gepflegten jungen Mann mit Hut und Schlips und Kragen. Die Identität des unbekannten Toten kann bereits am nächsten Tage geklärt werden. Sachdienliche Angaben, die die Ermittlungen weiterbringen, macht kein Zeuge, deshalb sieht sich die Polizei gezwungen, von Amts wegen bekanntzugeben: »Mord an der *Heiligen Brücke*: 1000 Mk. Belohnung. Donnerstag, den 18. d. M., früh gegen ½ 8 Uhr, wurde an der *Heiligen Brücke*, unmittelbar hinter der Trinkhalle, an welcher in der Verlängerung der *Heiligen Brücke* nach der Frankfurter Straße (Friedrich-Ludwig-Jahn-Allee) zu führende *Ziegeleiweg* und der seit längerem gesperrte *Kuhturmweg* zusammenstoßen, mit geöffneter Kleidung die Leiche eines zunächst unbekannten Mannes aufgefunden, in dem dann am folgenden Tage von einer Anzahl Personen, die ihn gekannt haben, einwandfrei der am 18. Mai 1894 zu Kerns im Kanton Obwalden, Schweiz, geborene Kaufmann Theodor Egger ermittelt worden ist, der früher in Stuttgart gelebt hat und seit Ende September d. J. hier, Moschelesstraße 13, wohnhaft gewesen ist.

Der Tote ist erschossen worden, und zwar nach dem Ergebnisse der gerichtlichen Leichenöffnung mittels einer modernen Repetierpistole, Kaliber 7,65 mm, aus einer Entfernung von 3 bis höchstens 5 cm. Der Einschuß befindet sich etwa in der Mitte der linken Wange, der Ausschuß am behaarten rechten Oberkörper. Das Geschoß, dessen Hülse in der Nähe der Leiche gefunden worden ist, hat das verlängerte Rückenmark verletzt und sofort tödlich gewirkt. Die Tat ist, wie sich aus einer großen daselbst vorhanden gewesenen Blutlache ergab, etwa 4 m von der Trinkhalle entfernt im Zuge des Ziegeleiweges begangen worden; darnach ist die Leiche, wie Spuren an den Wadenstrümpfen und auf Stiefeln erkennen ließen, hinter der Trinkhalle in der Richtung nach dem Kuhturmweg zu geschleift und unmittelbar neben jener an einem Sandhaufen niedergelegt worden.

Bei dem Toten wurden außer der durch Preßnotiz bereits bekanntgegebenen Kleidungsstücke Armband und 1,45 Mk. in barem Gelde vorgefunden; von diesem lagen drei Zehnpfennigstücke unter der Leiche und sind offenbar vom Täter beim Ausrauben der Taschen dieser in der Dunkelheit verloren worden. Alle übrigen Wertgegenstände fehlten, insbesondere eine kleine abgetragene Ledertasche mit drei Fächern für Banknoten, die Uhr, eine schwache goldene Schweizer Sprungdeckeluhr mit arabischen Ziffern und Sekundenzeiger, Omegawerk, gestempelt 585, Nummer unbekannt, deren glattes Gehäuse in der Nähe der Scharniere zwei Beulen aufweist, nebst goldener Kavalieruhrkette, die aus je etwa 8 cm langen Stücken schmaler Kettenglieder im Wechsel mit je 2 cm langen, schmalen, flachen, mit einem Längsschnitt versehenen goldenen Platten bestand, sowie zwei Brillantringe, deren einer ein schmaler goldener Reif mit einem hochgefaßten knapp erbsengroßen und nicht ganz reinen Brillanten war, während der zweite Ring aus einem noch etwas schmäleren goldenen Reif mit zwei nebeneinander, ebenfalls hochgefaßten, kleineren und auch nicht völlig reinen Brillanten bestand, die ein ebensogroßes schwarzes Steinchen umschlossen. Da der Leiche auch sämtliche Ausweispapiere, unter ihnen aller Wahrscheinlichkeit nach auch ein Reisepaß nach der Schweiz abgenommen worden waren, liegt der dringende Verdacht vor, daß Egger ermordet und beraubt worden ist.

Durch die bisherigen kriminalpolizeilichen Erörterungen liegt einwandfrei fest, daß der Ermordete am Mittwoch, den 17. d. M., abends wenige Minuten nach 10 Uhr sich vor der preußischen Haupthalle des Hauptbahnhofes von einigen Freunden, mit denen er bis dahin zusammen gewesen war, getrennt hat und 10 Uhr 10 Minuten am Blücherplatz (~ Willy-Brandt-Platz/Karl-Schumacher-Straße) auf die hintere Plattform des Anhängerwagens einer nach dem Fleischerplatze (~ Goerdeler-Ring) zu fahrenden Straßenbahn der Linie 8 gesprungen ist. Von da an fehlt vorläufig jede Spur von dem Toten. Da der Pächter und zwei Arbeiter der Eisbahn Sportplatz *Heil. Brücke* in derselben Nacht etwa gegen ½3 Uhr aus der Richtung *Heil. Brücke* her kurz hintereinander haben zwei Schüsse fallen hören, denen sie aber keine Bedeutung beimaßen, da sie sonst nichts Verdächtiges wahrnehmen konnten, muß angenommen werden, daß auf Egger in dieser Zeit daselbst, kaum 100 Meter von seiner Wohnung entfernt, der tödliche Schuß abgegeben worden ist. Wahrscheinlich ist der Ermordete das Opfer eines Menschen geworden, der sich dem auf dem Heimwege Begriffenen angeschlossen hat.

Das Polizeiamt bittet, alle zur Sache etwa gemachten verdächtigen Wahrnehmungen, auch die anscheinend geringfügigsten solchen, umgehend zur Kenntnis der Kriminalabteilung, Wächterstraße 5, Zimmer 106, oder der nächsten Polizeiwache bringen zu wollen.

Insbesondere handelt es sich dabei um folgendes:

Wer hat einen etwa 25jährigen Mann, auf den diese Beschreibung paßt, am Mittwoch, den 17. d. M., auf der obenerwähnten Straßenbahn fahren oder aber insbesondere in der Nähe des *Frankfurter Tores* (Thomasiusstraße/Ranstädter Steinweg) oder der *Heiligen Bücke*, zu Fuß gesehen?

Der Ermordete hat am 17. d. M. geäußert, daß er wohl gegen Mittag nach der Karlstraße (heute Brehmestraße, Leipzig-Leutzsch) müsse.

Wer kann Näheres über die geschäftlichen Beziehungen, die Gepflogenheiten und den Verkehr des Ermordeten während seiner letzten Lebenszeit angeben?

Hat Egger bzw. ein junger Mann, auf den obige Beschreibung zutrifft, während der letzten Wochen vor seinem Tode, insbesondere in der Zeit vom 15. bis 17. d. M., etwa ein hiesiges Hotel, Gasthaus oder Absteigequartier unter seinem richtigen oder auch einem falschen Namen, allein oder in Begleitung einer anderen Person aufgesucht?

Ist eines der oben beschriebenen Schmuckstücke nach dem 17. d. M. Juwelieren, Händlern oder Trödlern zum Kaufe oder Pfande angeboten worden?

Ist nach dem 17. d. M. jemand im Besitze von Ausweispapieren, die auf Theodor Egger lauten, beobachtet worden?

Der Mörder muß sich mit Blute befleckt haben. Haben Passanten, Straßenbahnschaffner, Herbergswirte oder Vermieterinnen in der Nacht vom 17. zum 18. d. M. oder später wahrgenommen, daß jemandes Kleidung oder Wäsche mit Blut befleckt war oder Spuren der Beseitigung von solchem aufwies?

Wer Angaben macht, die zur Ermittlung des unbekannten Mörders führen, erhält 500 Mk. Belohnung, wirken mehrere zu diesem Erfolge mit, behält sich das Polizeiamt die Verteilung der Belohnung nach freiem Ermessen nach Ausschluß des Rechtsweges vor. Der Erste Staatsanwalt beim Landgerichte Leipzig wird diese Belohnung um weitere 500 Mk. erhöhen.

22. Dezember 1919

Die eingehenden Erörterungen der Kriminalpolizei haben in verschiedenen Punkten zu neuen Ergebnissen geführt:

1. Es ist ein Straßenbahnschaffner ermittelt worden, der bestimmt behauptet, daß der ermordete Egger am 17. Dezember d. J. abends bald nach 10 Uhr am Hauptbahnhofe den von ihm bedienten Wagen der bisherigen S-Linie bestiegen, an der Haltestelle Moschelesstraße wieder verlassen hat und dort nicht nach seinem unmittelbar daneben gelegenen Hause, sondern nach der anderen Seite auf die *Heilige Brücke* zu gegangen ist. Danach muß angenommen werden, daß Egger, der zunächst beim Besteigen des Straßenbahnwagens der Linie 3 ebenfalls vor dem Hauptbahnhofe gesehen worden ist, jenen alsbald wieder verlassen und am Georgiring mit einem Wagen der Linie 8 vertauscht hat. Wer kann hierzu etwa noch Angaben machen?

2. Es sind verschiedene Personen mit der Behauptung aufgetreten, daß sie am 17. Dezember v. J. in der 11. Abendstunde – über den genauen Zeitpunkt gehen die Angaben auch wieder auseinander – aus der Richtung von der *Heiligen Brücke* einen Schuß gehört hätten. Die Möglichkeit, daß Egger bereits um diese Zeit daselbst erschossen worden ist, läßt sich nicht völlig ausschließen. Wer hat in der Nacht zum 18. Dezember nach ½ 11 Uhr abends die *Heilige Brücke* passiert?

3. Am Sonntag, den 21. Dezember v. J. vormittags zwischen ½ 11 und ½ 1 Uhr hat, wie bekannt geworden ist, im Wartesaale der 3./4. Klasse des Hauptbahnhofes ein Unbekannter einem anderen eine Herren-Doubléuhrkette zum Kauf angeboten, auf die die Beschreibung der Kette des erschossenen Egger zutrifft. Während die beiden verhandelten, ist ein Dritter herzugekommen, der Interesse für

die Kette zeigte, hat alsbald mit dem Anbieter dieser den Wartesaal verlassen und dann längere Zeit mit ihm auf dem Querbahnsteige gesprochen.

4. Aus nachträglich zur Kenntnis der Kriminalpolizei gelangten Korrespondenzen des ermordeten Egger ergibt sich, daß dieser in großem Umfange Schiebergeschäfte gemacht hat. Wer kann angeben, mit welchen Personen Egger während der letzten Zeit vor seinem Tode Schiebergeschäfte gemacht oder zu machen versucht hat?

Die Kriminalpolizei bittet dringend darum, daß alle diejenigen, die in der Lage sind, zu diesen irgendwelche Angaben zu machen, sich umgehend bei der Kriminalabteilung oder in der nächsten Polizeiwache melden. Auf die ausgesetzte Belohnung von 1.000 Mark wird dabei nochmals besonders hingewiesen.«

In der Wohnung des Toten finden sich Papiere, Akten, Briefe. Theodor Egger handelte mit Lebensmitteln und anderen Gütern. Die Kontakte des Toten sind vielfältig und deutschlandweit. Geschäftsbriefe werden gefunden und Bankunterlagen, Konten und Guthaben sind auf mehrere Geldhäuser verteilt, Abhebungen und Überweisungen häufig. Recherchen fallen nicht nur durchs Schweizer Bankgeheimnis schwer. Und doch: »Auf die letzte Veröffentlichung der Kriminalpolizei in dieser Mordsache sind dankeswerter Weise aus dem Publikum eine ganze Reihe von Mitteilungen eingegangen. Die Weiterverfolgung dieser hat u. a. zu folgenden Ergebnissen geführt:

1. Am Sonntag, dem 21. Dezember v. J. hat ein Unbekannter erst im Wartesaal 3./4. Klasse und dann auf dem Querbahnsteige des Hauptbahnhofes einem anderen, der etwa 45–48 Jahre alt und kräftig gewesen sein, volles gesundes Gesicht und starken schwarzen Schnurrbart gehabt sowie einen schwarzen Winterüberzieher und schwarzen steifen Hut getragen haben soll, angeblich die dem Ermordeten Eg-

ger geraubte Doublé-Herrenuhrkette zum Kauf angeboten und vielleicht auch verkauft.

Ein Herr, auf den diese Beschreibung genau paßt, soll einen schwarzen Salonanzug und an der linken Hand zwei wertvolle Ringe tragend, Sonntag, den 28. Dezember v. J. gegen 5 Uhr nachmittags im Konzertsaale des *Palmengartens* aufhältlich gewesen sein; in seiner Begleitung soll sich ein zweiter, gleichfalls feingekleideter, etwas größerer und schlanker Herr befunden haben, der ungarischen Dialekt sprach, während jener angeblich sich des böhmischen Dialektes bediente.

Der oben beschriebene Herr, der am 21. Dezember v. J. auf dem Hauptbahnhof und am darauffolgenden Sonntag im *Palmengarten* gesehen worden ist, kommt als sehr wichtiger Zeuge in Frage. Er wird dringend gebeten, sich umgehend bei der Kriminalpolizei zu melden.

2. Nach den Angaben von vier verschiedenen durchaus glaubwürdigen Zeugen, sind in der Mordnacht erst kurz nach ¼ 11 Uhr in der Nähe der *Heiligen Brücke*, alsbald danach an der Haltestelle der Straßenbahn Ecke Plagwitzer (Käthe-Kollwitz-Straße) und Moschelesstraße (vor der Wohnung Eggers) und dann gegen ½ 11 Uhr wieder an der *Heiligen Brücke*, unmittelbar neben der Trinkhalle zwei bzw. drei Männer gesehen worden, die ungefähr übereinstimmend von allen Zeugen wie folgt beschrieben werden: Etwa 1,65–1,72 Meter groß, der eine mit dunklem Schnurrbart, ein anderer bartlos, zwei mit sog. Einheits-Militärmänteln mit breitem grünlichen Tuchkragen und dunklen weichen Hüten, der dritte, der etwas kleiner als die beiden anderen war, nur mit dunklem Jackettanzug – ohne Mantel – und mit dunkler Sportmütze bekleidet.

Es muß mit großer Wahrscheinlichkeit angenommen werden, daß diese Personen oder doch eine von ihnen als Täter in Frage kommen. Da nach den bereits mitgeteilten bestimmten Angaben eines Straßenbahnschaffners der früheren Linie der ermordete Egger gegen ½ 11 Uhr abends zu der vor seinem Hause gelegenen Haltestelle die Straßenbahn verlassen hat und nach der *Heiligen Brücke* zugegangen ist, ist die Tat, wie neuerlich bereits als möglich bezeichnet wurde, wahrscheinlich doch alsbald danach verübt worden.

Wer kann Angaben über die oben beschriebenen der Mordtat dringend verdächtigen Personen machen? Alle Wahrnehmungen werden schnellstens an die Kriminalpolizei, Polizeiamt, Zimmer 106, oder an die nächste Polizeiwache erbeten. Auf die Ermittlung des Täters sind 1.000 Mark Belohnung ausgesetzt worden.«

Eggers Wege vor der Tat sind rekonstruierbar: Mit der Straßenbahn fuhr der Geschäftsmann vom Hauptbahnhof nach Hause. Doch statt zur Wohnung wendete er seine Schritte Richtung *Heilige Brücke*, wo die Trinkhalle geschlossen, sonst nur Feldweg und Natur. Naheliegend, daß Theodor Egger an der Haltestelle von seinem Mörder erwartet worden war. Und dann ist er mit ihm wohl ins Dunkle mitgegangen. Einverständlich, denn bei Gewalt hätte sich der junge Mann auf offener Straße zu wehren, zumindest zu schreien gewußt. Und selbstbewußt war Egger, was Zeugen, Kleidung und Geschäftsbeziehungen beweisen.

Raubmörder sind Zufallstäter. Doch gibt es Hinweise, daß auch private Gründe für diese Gewalttat nicht ausgeschlossen werden können. Die Person des Toten und sein Umfeld geraten ins Blickfeld, und sie geben Ermittlungsansätze für die Aufklärung des Verbrechens. Viele. Allzuviele.

Theodor Eggers Geburtsort – Kerns, Obwalden, Schweiz, Idylle. All seine weitere Familie wohnt auch da. Kerns, »das Dorf liegt auf 565 m ü. M. Der höchste Berg ist mit 2.700 m der Rotsandnollen. Seine Fläche beträgt 9.254 ha, damit ist die Gemeinde Kerns die größte der sieben Gemeinden des Kantons Obwalden. Auf dem Gemeindegebiet liegen Melch-

see, Tannensee und der Blausee. Vom gesamten Gemeindegebiet sind nur 2,5 % Siedlungsfläche. Ein großer Teil des
Gemeindeareals ist Gehölz und Wald, beinahe die Hälfte
der Fläche wird landwirtschaftlich genutzt. 21,9 % sind un-
produktive Flächen, meist Gebirge und Seen.« Ende des
19. Jahrhunderts betrug die Einwohnerzahl des Ortes etwa
2.500.

In diesem alpländischen Bilderbuch ist das Mordopfer
gebürtig. Auf Anfrage teilt das Gemeindepräsidium Kerns
zur Person des Toten mit: »Egger Theodor ist der Sohn des
verstorbenen Theodor Egger, Wagner (Stell- oder Radma-
cher) von Kerns, Obwalden-Schweiz & und der hier leben-
den Louisa Egger, geborene Vonrotz. Er ist geboren am 13.
Mai 1894, unverheiratet. Er hinterlässt nebst seiner Mutter
folgende Geschwister:

1. Magaretha	24.5. 1890, ledig
2. Marie Louisa	22.3. 1893, ledig
3. Felix	2.6. 1896, ledig
4. Berta Anna	5.6. 1898, ledig
5. Robert Josef	1.8. 1900, ledig
6. Leo	2.2. 1905, ledig

Der Verstorbene ist der älteste Sohn der genannten Eheleute. Am 18. Dezember abhin soll er, gemäss erhaltenem
telegraphischen Bericht, dorten ermordet aufgefunden worden sein. Über die näheren Umstände ist uns bis dahin kein
Bericht zugekommen. Wir ersuchen (die Leipziger Polizei),
den Tatbestand möglich bald feststellen zu lassen & und
uns darüber genauen & ausführlichen Bericht zu erstatten.
Sie wollen nach dortigen Gesetzen auch alle Massnahmen
treffen, die gegebenen Falls angezeigt und erforderlich sind,
um die Interessen des Ermordeten und dessen Angehörigen
allseits gehörig zu wahren. Sie werden ersucht, die Nachlaß-
liquidation durchzuführen und das Endergebnis anher zu

übermitteln. Wir bitten auch um beförderliche Zustellung eines amtlichen Totenscheines.

Egger hat sich am 31. Januar 1916 nach dem Auslande hier abgemeldet. Er hatte ein ganz Unbedeutendes von seinem am 22. April 1905 verstorbenen Vater ererbt, das er aber in seinem Geschäft – mechanischen Schreinerei – einbüßte. Dieser Umstand wird ihm dann Veranlassung gegeben haben, sein Glück im Auslande zu suchen. Er hat sich dort tatsächlich gut gemacht, soviel wir von ihm persönlich vernommen haben. Er war im Frühjahr 1919 hier auf Besuch und hat einen sehr guten Eindruck hinterlassen. Nach seinen eigenen Angaben konnte man schliessen, dass er zu einem ansehnlichen Vermögen gekommen sei; er sprach von 15 bis 20.000 Mrk. Seine Tätigkeit bezog sich jedenfalls auf verschiedene Erwerbszweige. Er war ein ruhiger, bescheidener, strebsamer Mann, nicht militärdienstpflichtig.«

Augenscheinlich für die Daheimgebliebenen: Theodor Eggers Geschäfte liefen. Er hatte in der Fremde sein Glück gemacht. Und manches in Theodor Eggers Biographie gleicht denen von heute: Mit Mut und Enthusiasmus verlassen junge Menschen Elternhaus und Heimatort, um in der großen weiten Welt ihre Chance zu suchen. *Hänschen klein ging allein in die weite Welt hinein, Stock und Hut steht ihm gut, ist auch wohlgemut.* Märchen, Kinderlieder und psychologische Fachliteratur berichten darüber.

1916 zu Jahresbeginn brach Theodor Egger mit guten Vorsätzen aus gebirgiger Enge auf. Es tobte in Europa der I. Weltkrieg. Für einen militärdienstuntauglichen Schweizer eine Zeit, die alle Möglichkeiten bot. Soldaten verreckten in den Schützengräben, kehrten versehrt aus den Schlachten heim, trugen schwer an seelischen Schäden. Es herrschte Mangel an Männern, an Liebe, an Essen. Hungerwinter forderten Opfer und Geschäftsideen: »Kein kriegführendes Land hatte Vorbereitungen für einen langen Krieg getroffen. Als die von den Entente-Staaten durchgesetzte Seeblockade zu einer spürbaren Verschlechterung der Lebensmittelversorgung in Deutschland führte, wurden 1915 Rationierung und Zwangsbewirtschaftung von Nahrungsmitteln eingeführt.« Der junge Egger wußte soziale und geschäftliche Kontakte schnell zu knüpfen, konnte überzeugen, reden und handelte. Er nahm Wohnstatt in deutschen Metropolen: Stuttgart, Düsseldorf, Berlin, nun Leipzig, Handelsmetropole. Egger kaufte, verkaufte, machte Profit. Ein junger Kriegsgewinnler, der in regellosen Zeiten erfolgreich weiter wirtschaftete.

Am Freitag, den 8. November 1918, morgens um 9 Uhr erschienen im Salonwagen des französischen Marschalls Ferdinand Foch, abgestellt mitten im Wald beim nordfranzösischen Compiègne, vier Männer. »Das Begehr der Delegation kannte der alliierte Oberbefehlshaber nur zu gut. Doch die Worte wollte Foch aus dem Mund der *boches* selbst hören: die Bitte um einen Waffenstillstand. Dann trug der Generalissimus seine Bedingungen vor: sofortiger Abzug der deutschen Truppen aus Frankreich, Belgien und Luxemburg; Preisgabe Elsass-Lothringens, des linken Rheinufers sowie der Städte Mainz, Koblenz und Köln; Verzicht auf den Friedensvertrag von Brest-Litowsk mit Rußland, Internierung der Flotte, Herausgabe von 5.000 Kanonen, 25.000 Maschinengewehren, 3.000 Minenwerfern und 1.700 Flugzeugen, dazu die Ablieferung von 5.000 Lokomotiven und 150.000 Eisenbahnwagen. Foch gab den Deutschen 72 Stunden Zeit, um zu unterschreiben, und verschwand. Das kam der bedingungslosen Kapitulation gleich.« In Folge kam es zur Einstellung der Kampfhandlungen und im Mai 1919 zum Versailler Vertrag, den Deutschland in weiten Kreisen der Bevölkerung als *Gewaltfrieden* verstand. »Keine moralische, keine politische, keine nationale Demütigung soll uns erspart bleiben, ganz zu schweigen von der unübersehbaren Anzahl der Milliarden, die uns als Entschädigung, als Wiedergutmachung, als Wiederherstellungen auf die Rechnung gesetzt werden. Wir werden entwaffnet und geknebelt, kontrolliert und bevormundet, uraltes deutsches Stammland soll ungefragt, im Osten wie im Westen, fremder Herrschaft ausgeliefert werden.«

1919 – das erste Nachkriegsjahr: Karl Liebknecht, Rosa Luxemburg und Kurt Eisner fallen Attentaten zum Opfer. Die sozialen und politischen Spannungen scheinen handgreiflich zu spüren. Parteien gründen sich von extrem links bis extrem rechts. Andere spalten sich und koalieren. Nominelle deutsche Regierungen handeln ohne wirklich Einfluß auszuüben. Die *Nachschlacht von Versailles* wird von vielen Deutschen als demütigend empfunden. »Die Staatsmacht wankt auf allen Ebenen beträchtlich. Das Land droht in zügelloser Anarchie zu versinken. Das Offizierscorps ist weitgehend von den Mannschaften entmachtet, die Polizei wird nicht mehr ernstgenommen. Die Justiz funktioniert nicht, Verwaltungen haben ihre Arbeit eingestellt. Raub und Plünderungen breiten sich aus, Ordnung und Sicherheit sind in Gefahr.« Beschäftigungslose Offiziere gründeten Freiwilligenverbände, die sich überwiegend aus heimgekehrten Soldaten rekrutierten, bewaffnet waren und sich staatlicher Duldung und Unterstützung erfreuten. Sie sollten das aufgelöste Heer ersetzen und nicht dem Einfluß der Arbeiter- und Soldatenräte unterliegen. Die Zeit ist aus den Fugen.

»In Leipzig ist die Empörung über das brutale Vorgehen der Zeitfreiwilligen ungeheuer. Es ist erwiesen, daß sie auf waffenlose Menschen aus dem sicheren Hinterhalt geschossen haben. Viele Frauen und Kinder sind unter den Opfern des grundlosen Gemetzels.« In Dresden warfen aufgebrachte Demonstranten den neuernannten Kriegsminister in die Elbe und schossen ihn tot: Gustav Neuring wollte den Sold der Kriegsversehrten auf Friedenszeit kürzen. Ausnahmezustand. Die Reichswehr marschierte in Sachsen ein. Eine Volkskammer wurde gewählt. Ein neues Staatssystem und neue Regeln. Die Verfassung der Weimarer Republik war in Sachsen im August in Kraft getreten. Sächsische Gesetze in der Diskussion. Kaiserliche Beamte wurden vom Dienst suspendiert. Von heut auf morgen neue staatliche Leiter. Die Behörden handeln ohne Leitlinien. Das Volk steht auf und mehrmals auf der Barrikade: Streik um Arbeit, Lohn und Achtung. Zeiten für Spekulanten, Schieber und Glücksritter. Wirtschaftsschiebereien sind Tagesgeschäft. Raubmorde nicht ungewöhnlich. Die Polizei ermittelt im Mordfall Egger deutschlandweit und international.

Aus der Schweizer Hauptstadt Bern berichtet der Kommissar: »Meine Erhebungen haben ergeben: Egger Theodor deponierte im April 1919 auf der Kantonalbank in Bern einen Betrag von Fr. 6.800,- in Schweizergeld. Am 28. Mai liess er 6.000,- Fr. von diesem Geld abschreiben, um dafür Mark zu kaufen. Egger bekam dafür 16.551 Mark, die er durch die Kantonalbank von Bern auf seine Rechnung an die Deutsche Bank in Frankfurt a. M. überweisen liess. Von dem Restguthaben habe Egger seither einige Beträge durch Herrn Notar Brand in Bern, der das freie Verfügungsrecht über dieses Geld habe, abheben lassen. Zur Zeit restieren noch Fr. 57,50.
Unterm 13. Dezember 1919 schrieb Egger an die Kantonalbank von Bern, sie möchten ihm sein Marktguthaben durch die Deutsche Bank Frankfurt a. M. auf die Vereinsbank in Stuttgart überweisen lassen, damit er dasselbe dort womöglich noch vor Weihnachten in Empfang nehmen könne. Der fragliche Brief langte am 20. Dezember 1919 bei der Kantonalbank ein. Derselbe wurde am 23. Dezember 1919 beantwortet und zugleich auch die Deutsche Bank in Frankfurt a. M. avisiert, dass die 16.551 Mark zu Gunsten des Egger Theodor an die Vereinsbank in Stuttgart zu überweisen seien. Seither ist der Kantonalbank von Seiten des Egger keine Nachricht mehr zugekommen, dagegen hat der Notar Brand noch geschrieben, sie möchten das Geld des Egger weiterlei-

ten, wie es hiervor geschildert ist. Dem Notar Brand wurde mitgeteilt, dass das schon geschehen sei, indem sich Egger auch direkt an ihre Bank gewendet habe.

Ich begab mich dann noch zu Hr. Notar Brand, Waisenhausplatz No. 21 in Bern. Derselbe sagte mir folgendes: Er habe den Egger im Frühling 1919 kennengelernt. Derselbe sei mit etwa 20.000 Mark von Deutschland in die Schweiz gekommen und habe daselbst irgendwelche Vertretungen gesucht. Er habe dem Egger dann geraten, er solle die Mark verkaufen und das Geld auf einer hiesigen Bank deponieren. Es habe ihm nämlich den Eindruck gemacht, dieser Mann lasse sich leicht überreden. Egger habe dann die Mark verkauft und den Erlös im Betrage von Fr. 6.800,- bei der Kantonalbank von Bern deponiert. Am 28. Mai 1919 habe er Fr. 6.000,- abgehoben und dafür Mark gekauft, die er durch die Kantonalbank auf der Deutschen Bank in Frankfurt a. M. habe deponieren lassen.

Am 16. Dezember 1919 habe nun Egger einen Brief geschrieben, wonach er, Notar Brand, dafür sorgen solle, dass sein Markguthaben durch die Kantonalbank an die Vereinsbank in Stuttgart überwiesen werde und das womöglich noch vor Weihnachten 1919. Als Notar Brand die Kantonalbank in Bern in diesem Sinne verständigte, erhielt er unterm 26. Dezember a.c. den Bericht, dass das schon geschehen sei und zwar auf direkte Aufforderung des Egger hin.

Herr Notar Brand erzählte mir noch, es sei anfangs Mai 1919 ein gewisser Richard Haun zu ihm gekommen und habe sich über das Guthaben von Egger erkundigen wollen. Zugleich habe er Anstrengungen gemacht, das Guthaben des Egger herauszubekommen, indem er mit demselben in geschäftlichem Verkehr stehe. Brand habe diesem Haun keine nähere Auskunft gegeben, sondern er habe sich direkt mit Egger in Verbindung gesetzt. Nachdem sie einige Telegramme gewechselt haben, habe es sich herausgestellt, dass dieser Haun nicht mit der Wahrheit umgegangen sei.

Derselbe habe damals im Hotel du Nord in Zürich logiert und habe ihm noch unterm 11. Mai 1919 einen Brief von dort geschrieben. Egger sei ihm auch nie mit der Sprache herausgerückt, weshalb er nicht gründliche Auskunft geben könne. Brand will gar nicht darüber gekommen sein, was die beiden eigentlich miteinander hatten. Egger habe ihm einmal geschrieben, Haun sei ein deutscher Offizier und sei der Sohn seiner früheren Wirtin in Stuttgart, er solle demselben aber gar keine Auskunft über seine Geldverhältnisse geben. Ich habe in dieser Richtung alle Einzelheiten aufgenommen, indem mir der Verkehr zwischen Haun und Egger nicht ganz lauter zu sein scheint. Eventuell könnte es für die Entdeckung der Täterschaft noch von Wert sein. Von Haun konnte ich keine näheren Personalien erhalten, als was bis dato rapportiert ist nämlich, Haun Richard, ca: 27 Jahre alt, angeblich deutscher Offizier.«

Hinweis aus Bern: Ein Mann erkundigte sich vor Ort nach Eggerts Guthaben, wußte, daß hier sein Geld verwaltet wurde. Anwalt Brand gab keine Auskunft, doch zog er Erkundigungen ein. Richard Haun aus Stuttgart – ein Geschäftsfreund? Ein Betrogener? Eine heiße Spur?

Haun ist der Sohn von Theodor Eggers Zimmervermieterin auf der Stuttgarter Königstraße 58. Die sogenannte Promenier- und Geschäftsmeile *Kö* der Neckarstadt. Die dortige Polizei läßt wissen: »In der Familie Haun war Egger, der sich durch sein zuvorkommendes Wesen und seine Gewandtheit im persönlichen Verkehr, namentlich das Vertrauen der Witwe Haun erworben hatte, sehr geachtet. Im Vertrauen auf seine Ehrlichkeit und Geschäftstüchtigkeit hat ihm Frau Haun noch in den letzten Monaten etwa 8.000 M. geliehen.« Egger hat der alten Dame vorgeschwindelt, daß er Sohn eines reichen Hotelbesitzers sei. Nachvollziehbar, daß sich Richard Haun um das Geld der Mutter und sein Erbe sorgt und bei diesem offensichtlichen Betrug nach Wegen sucht, die das im guten Glauben verliehene Geld zurückbringen. Deshalb sprach Richard Haun mit Notar Brand. Doch Gesetz und Bankgeheimnis ließen Einsicht in Eggers finanzielle Verhältnisse nicht zu, geschweige denn, daß der Sohn den gewährten Kredit der Mutter zurückerhalten könne. Unverrichteter Dinge fuhr Richard Haun von Bern nach Stuttgart. Das Geld durfte die Familie als Verlust verbuchen. Ein Mordmotiv? Eiskalte Rache, getarnt als gewöhnlicher Raub? Verband Richard Haun mehr als Geld mit Egger?

Möglicherweise, vermuten die Kriminalisten, hatte Richard Haun auch anderweitig ein Motiv für den Mord an Mutters Untermieter. Ein anonymes Schreiben erhielt die Leipziger Polizei am Tag vor *Heilig Abend*: »Der Ermordete war zweifellos homogener Veranlagung. Deshalb erscheint es erwägenswert, ob er nicht etwa das Opfer dieser Veranlagung geworden ist. Es erscheint jedenfalls nicht außer dem Bereich der Möglichkeit, daß ihn seine Veranlagung mit einem zweifelwertigen Individuum in Berührung gebracht hat, was ihn ermordet und beraubt hat. Die wirtschaftlichen Verhältnisse Eggers dürften immerhin derartige gewesen sein, daß einem Verbrecher die an ihm begangene Tat lohnend erscheinende Aussichten geboten haben können.

Jedenfalls wird es empfehlenswert sein, daß man beim Suchen nach dem Täter auch sich für solche Leute interessiert, die nicht beruflich mit Eggert zu tuen gehabt haben, sondern vielmehr für Erpressungen und Beraubungen an Homosexuellen in Frage kommen können.

Der Schreiber dieser Zeilen hat Herrn Egger nur als soliden, rechtschaffenen Menschen etwas und nur oberflächlich kennengelernt; nach welcher Richtung ihn seine sexuellen Triebe drängten, ist dem hier Berichtenden unbekannt geblieben; jedoch ist es nicht ausgeschlossen, daß er vielleicht doch Verbindung mit einem ganz zweifelhaften ›Raben‹ gesucht und gefunden haben kann!? Wäre diese Annahme zutreffend, dann wird es sehr schwierig sein, Licht in diese Sache zu bringen, wenn sich der Täter nicht durch etwa geraubte Gegenstände aus dem Besitz seines Opfers verrät.

Weitere Anhaltspunkte für die Ermittelung des Verbrechers werde ich nicht zu geben in der Lage sein, deshalb glaube ich aus meiner Anonymität nicht herauszutreten zu brauchen. Sollte man dennoch Wert darauf legen, mit mir in persönliche Fühlung zu treten, dann bin ich bereit, mich zu melden, wenn man mich durch die Zeitung dazu auffordert und mir die Gewähr bietet, daß mein Name nicht bekannt gegeben wird und mich davor schützt, daß ich etwa in einer Gerichtsverhandlung als Zeuge auftreten muß. Mehr wie ich in diesen Zeilen ausgesagt habe, werde ich ohnehin kaum zur Sache berichten können.«

Anonyme Schreiben sind bei jeder öffentlichen Fahndung zwangsgegeben. Menschen machen sich wichtig, denunzieren, üben Rache. Schwulsein konnte 1919 Karrieren zerstören. Paragraph 175 stellte homosexuelle Handlungen unter Strafe, denn es »ist davon auszugehen, daß der deutschen Auffassung die geschlechtliche Beziehung von Mann zu Mann als eine Verirrung erscheint, die geeignet ist, den Charakter zu zerrütten und das sittliche Gefühl zu zerstören. Greift diese Verirrung weiter um sich, so führt sie zur Entartung des Volkes und zum Verfall seiner Kraft«, argumentierten die Befürworter. Aus seiner Veranlagung machte Theodor Egger kein großes Geheimnis. Er pflegte regen Austausch und Kontakt in homosexuellen Kreisen. Die *Szene* war in Leipzig groß und offen: Man traf sich, unterhielt sich, ging zusammen ins Bett und in den Park. Auch an seinen ehemaligen Wohnstätten war Egger dafür bekannt und aktenkundig: Düsseldorf, Stuttgart, Frankfurt/M., Berlin.

Die Namensliste von Liebhabern, Partnern und Freunden von Theodor Egger wird länger. Viele, allzu viele haben mit ihm in Kontakt gestanden: sexuell, geschäftlich, einfach so – Artur Gundlach, Martin Holzweißig, Kurt Vieweger, Rudolf Ady, Antoine Schindler, Otto Werner, Emmi Schindler, Artur Lasch, Georg Röding, Felix Giese, Ansgar Scharff. Bei Carl Donack, Leipzig-Gohlis, in der Breitenfelderstr. 27 traf man Theodor Egger öfter an, Carl Donack vertrieb chemisch-kosmetische Artikel in seiner *Haarhandlung*. Egger war äußerst gepflegt und achtete auf sein Aussehen, vermerkte bereits das Protokoll der Leichenauffindung. Färbte er die Haare, trug er vielleicht Perücken, trat er als Transvestit womöglich auf? Man erkundigt sich. Die *Szene* redet viel und schweigt.

Andrerseits: Egger stand über Deutschlands Grenzen hinaus mit Menschen in Verbindung. In Bern hatte er sein Konto. Aus Holland bezog er Waren. In Dresden pflegte er Kontakt zu Jockey Rudolf Fischer. Wettbetrug und *Turfschwindel* wie in den Romanen Edgar Wallaces? Der Hinweise und Spuren mehr und mehr. Noch mehr Namen folgen. Polizisten verhören, schreiben Protokolle, zur Klärung tragen all die Aussagen nicht bei. Zu Tage kommen Eifersüchteleien, Mißgunst, Vorteilsnahme und Betrug.

Stärker das Motiv der Eifersucht bei Otto Schiffer, denn das noble *Hotel Astoria* schreibt: »Auf die Mitteilung vom 20. ds. Mts. teilen wir Ihnen zu Ihrer Orientierung mit, daß der an der *Heiligen Brücke* tot aufgefundene Kaufmann Theodor Egger lt. beiliegender Karthothekkarte mit einem Handlungsgehilfen Otto Schiffer aus Wurzen am 15. November ds. J. zusammen auf Zimmer No. 123 gewohnt hat.« Der kaufmännische Angestellte Hermann Otto Schiffer war geboren 9. Januar 1895 in Deuben bei Wurzen. Schiffer könnte eine enge sexuelle Beziehung mit dem gleichaltrigen Egger gepflogen haben. Vielleicht waren sie ein Paar? Vielleicht ist der neue Lover Rudolf Ady, der Geschäftsmann, bei dem Egger nunmehr auf der Moschelesstraße 13 wohnt. Doch der augenscheinlich verlassene Geliebte Otto Schiffer hat für die Tatzeit am Tattag ein felsenfestes Alibi. Die Polizei aus Stuttgart kann für etwaige »päderastische Verbindungen des Vermieter-Sohnes Richard Haun zu Egger«

keine Anhaltspunkte finden. Das Mordmotiv in homosexuellen Eifersüchteleien zu suchen, scheint müßig.

Erfolg versprechender als solche private Verstrickungen
scheint Eggers Geschäftspost. Er »bezeichnete sich als Kaufmann und hat sich nach den getroffenen Feststellungen
hauptsächlich mit Schiebergeschäften großen Stils befaßt«. So
wurden »unterm Nachlaß u. a. die beiden beigefügten Briefe
der Firma *Köhler & Co.* vom 9. Juli und 3. November 1919
vorgefunden. Egger scheint mit der genannten Firma Schiebergeschäfte getätigt zu haben. Es wird gebeten, die Firma
eingehend über ihre Geschäftsverbindungen mit Egger befragen zu lassen und ferner in weitgehendster Weise festzustellen, welcher Mittelsperson sich die Firma *Köhler & Co.*,
einerseits mit Egger und andererseits bei diesen Geschäften
bediente. Es wird besonders auf den Brief vom 3. November
hingewiesen und auf größte Genauigkeit bei der Feststellung
des in diesem Briefe erwähnten Mannes gegeben, der nach
der Mitteilung der Firma ›spurlos‹ verschwunden ist.

Es ist leicht möglich, dass *Köhler & Co.* mit genauen Aussagen zurückhalten werden, da es sich doch offensichtlich
um verbotene Schiebergeschäfte handelt, nicht in die Karten sehen zu lassen. Sollte dieser Fall eintreten, so wolle
die Firma darauf hingewiesen werden, daß es sich bei den
Feststellungen der Leipziger Kriminalpolizei nicht um die
Verfolgung unerlaubter Geschäfte handelt, sondern daß die
Feststellungen nur im Interesse der Aufklärung des Falles
Egger getroffen werden sollen.

In dem Brief vom 3. November ist ferner von der Über-
weisung einer Provision von 37.500 M auf ein Stuttgarter
Konto des Egger, die am 18. November 1919 erfolgen sollte, die Rede. Es bleibt festzustellen, welche Bank in Frage
kommt, ob das Geld tatsächlich überwiesen wurde, wieviel,
von wem und wann von diesem Betrage abgehoben worden
ist und in welcher Höhe das Konto eventuell noch besteht.

Kann im Übrigen die Firma *Köhler & Co.* irgendwelche Verdachtsmomente angeben, die zur Ermittlung von Personen führen könnte, von welchen Egger besondere Unannehmlichkeiten hätte erwarten können?

Weiterhin wird gebeten, die Rechtsanwälte Dr. Köstli und Lepple über den Inhalt des ebenfalls im Nachlasse des Eggers gefundenen Briefes vom 5. November 1919 vernehmen zu lassen. Um möglichst beschleunigte Beantwortung der gestellten Fragen in ausgiebigster Weise wird gebeten. Polizeiamt der Stadt Leipzig, Kriminalabteilung.«

Die Firma *Köhler & Co.* in Stuttgart vermittelte bei Import von Lebensmitteln europa- und weltweit: Getreide, Mais, Kartoffeln, Sacharin. Rares, aber dringend benötigtes Gut in Nachkriegsjahren. Nahrungsmittelknappheit und Mangelwirtschaft verursachten soziale Unruhen. Clevere Taktik und Geschäftsgebaren ermöglichten enorme Gewinne. »Aus Scheiße war Gold zu machen. Falschdeklarierung, Panscherei und Zusatz von Ersatzstoffen waren an der Tagesordnung. In gutem Glauben und aus Not verkauften sich minderwertige Lebensmittel massenweise.« Offensichtlich, so legt Eggers Korrespondenz nah, tat der Ermordete hier mit und trieb gesetzeswidrig damit Handel. Die Stuttgarter Polizei leistet Amtshilfe und sucht *Köhler & Co.* auf und teilt »auf die Zuschriften vom 13. und 17. Januar mit:

1. Der Ermordete stand in den letzten Monaten mit den Firmen: *Köhler & Co.*, Bankgeschäft, hier, Friedrichstraße Nr. 9 und *Karl Adam* vorm. *Möhle & Co.*, hier, Königstraße 51 insofern in Geschäftsverbindung, als er sich bereit erklärte, Lebensmittel und andere Waren, die diese Firmen aus dem Ausland einführen zu können hofften, an Kommunalverbände, insbesondere an die Stadtgemeinden Leipzig und Dresden weiter zu veräußern. Zu Abschlüssen ist es aber, soviel aus den Geschäftspapieren der beiden Firmen hervorgeht, nicht gekommen.

Hieran scheint es besonders Egger, der sich offenbar fälschlicherweise als Aufkäufer für sächsische Kommunalverbände ausgab, schuld gewesen zu sein; manche Geschäfte mögen sich allerdings auch dadurch zerschlagen haben, daß es den Firmen *Köhler & Co.* und *Karl Adam* nicht gelungen ist, Waren aus dem Ausland hereinzubekommen. Aus dem Schriftwechsel ist zu ersehen, daß beide Firmen auf Egger in letzter Zeit nicht gut zu sprechen waren. Es bestehen aber zunächst keine Gründe für die Annahme, daß die Firmen mit Eggers Ermordung in Zusammenhang stehen.

Der Alleininhaber und alleinige Leiter der Geschäfte der Firma *Köhler & Co.*, Köhler, Adam, Bankier, hat am 18. Januar auf Befragen angegeben: ›Mit Egger bin ich im Sommer 1919 bekannt geworden. Er erzählte mir bei einer gelegentlichen Zusammenkunft, er sei Aufkäufer von Lebensmitteln für sächsische Kommunalverbände, und bat mich, ihm Offerten über Auslandswaren zuzustellen. Ich habe ihm in der zweiten Hälfte des Jahres 1919 öfters Angebote auf Lebensmittel, die mir von Holland und von der Schweiz zugegangen waren, zugesandt. Zuletzt gewann ich den Eindruck, daß Egger auf Betrug ausging. Ich hatte allerdings keine Grundlagen zum Beweis dieses Verdachts. Es mag sein, daß ich die Geschäftsverbindung mit ihm auch künftig aufrecht erhalten hätte. Mittelspersonen kamen bei dem Geschäftsverkehr zwischen ihm und mir nicht in Verwendung. Bei meinen Verhandlungen mit Egger hat sich teilweise auch die Firma *Karl Adam* vorm. *Möhle & Co.* beteiligt.

Wer den Mord an Egger begangen haben könnte, vermag ich nicht zu sagen. Dagegen möchte ich nicht unterlassen, darauf hinzuweisen, daß es empfehlenswert sein dürfte, zu prüfen, ob nicht etwa der Kaufmann Rudolf Ady, bei dem Egger in Leipzig gewohnt hat, mit der Ermordung im Zusammenhang steht. Ady, den mir Egger gelegentlich bei einer Besprechung in Düsseldorf vorgestellt hat, hat auf mich einen wenig günstigen Eindruck gemacht. Egger scheint jedoch mit ihm eng befreundet gewesen zu sein. Näher kenne ich Ady nicht.

Durch Eggers Vermittlung hat mir Ady im Oktober 1919 Fahrräder zum Kauf angeboten. Ein Abschluß kam aber nicht zustand. Aufgefallen ist mir auch, daß Ady in der Nacht vom 25./26. Dezember telefonisch bei mir anfragte, wo Egger sein Geld stehen habe, er habe Forderungen an ihn. Außerdem habe ich bei der Firma *Karl Adam* gehört, Egger habe sich geäußert, Ady nütze ihn sehr aus.

Der von der Kriminalpolizei Leipzig übersandte Brief vom 3. November 1919 ist gefälscht. Mit Egger habe ich wohl einigemal wegen Verkaufs von Leinöl verhandelt, ein Kauf kam aber nicht zustande; ich verweise auf meine diesbezüglichen Geschäftspapiere. Der Inhalt des Briefes vom 3. November ist frei erfunden. Ich weiß keine Erklärung, als daß Egger mit der in dem Brief enthaltenen Behauptung, ihm werden 37.5000 M. Provision ausbezahlt, Schwindeleien verüben wollte.‹«

Betrug mit Lebensmitteln, Fahrrädern, Waren aller Art und Schwindel, gar Fälschung der Geschäftspost. Schieberei in einer für Schiebereien günstigen Zeit. Als Aufkäufer für Kommunalverbände Sachsens gab sich Egger aus. Geschäfte mit Großstädten schienen lukrativ und finanziell sicher. Deshalb gab sich Theodor Egger als in ihrem Dienste stehender solider Kaufmann aus. Die Stuttgarter Handelspartner Adam und Köhler gaben Vertrauensvorschuß, trotz der Zweifel, die sie an Eggers Gebaren hatten. Ein Mordmotiv ist weder beweis- noch erkennbar.

Aus Berlin schreibt Rechtsanwalt Löwisohn am 21. Januar 1920: »Mit dem Kaufmann Theodor Egger ist die durch mich als General-Bevollmächtigten vertretene Firma Gebr. Barasch Anfang November bekannt geworden. Egger wurde mir in Leipzig durch den in Berlin-Grunewald Friedrichsruher Straße 37 wohnhaften Kaufmann Correll junior vorgestellt. Correll gab damals an, daß Egger in der Lage sei,

5.000 Tonnen Reis zu einem verhältnismässig sehr billigen Preis zu liefern.

Bei den Verhandlungen mit Egger stellte sich heraus, daß seine Erklärungen bezüglich des Prozentsatzes Bruch (minderwertige Ware) des von ihm angebotenen Reises unrichtig wäre. Ich wollte deshalb die Besprechungen mit ihm abbrechen, machte ihm aber schließlich den Vorschlag, weitere Verhandlungen mit ihm zu führen, wenn er mir und Herrn Fabrikdirektor Felix Giese, Berlin,W, Tauenzienstraße 20 bei Frei-Gablenz, entstehenden Unkosten mit insgesamt M 5.000,– zahlt.

Wir waren, da Verkehrssperre war, mit einem Auto von Berlin nach Leipzig gefahren, mußten weiter nach Dresden fahren und auch damit rechnen, daß wir wieder mit einem Auto nach Berlin zurückzukehren hatten. Diese M 5.000,– hat er Egger bei der Dresdner Bank hinterlegt, und sie sind mir auch ausgezahlt worden. Das Reisangebot hat die Firma Gebr. Barasch schließlich angenommen. Egger hat aber nicht geliefert und die Firma Gebr. Barasch hat Schadensersatzansprüche gegen ihn beim Amtsgericht Leipzig geltend gemacht.

Über Richard Ady, Moschelesstraße 13, können wir keine Auskunft geben. Er war bei den Verhandlungen nicht zugegen.«

Eindeutig: Theodor Eggers Geschäfte sind windig und widersprechen kaufmännischen Regeln. Mit Friedrich Corell junior war Egger Handelspartner im Leinölgeschäft, er hatte als Vertreter der Kommunalverbände Leipzig, Dresden bei ihm 4.000 t Reis, 5 Waggons Rinderfett, 2 Waggons Schweineschmalz bestellt. Und Egger schien im Zweifel, ob Corell sie je auch an ihn liefern würde, vor allem daß er seiner ausgehandelten Provision verlustig gehen könnte. Friedrich Corell erklärte, »im Namen der Firma verbindlich, daß der von Ihnen eingerechnete Zuschlag Ihnen garantiert wird und daß wir Ihre Beziehungen zu der Firma weitgehend respektieren und keinesfalls das Geschäft über Ihren Kopf hinweg abschließen werden.« Zustande gekommen ist dieses Geschäft niemals.

Auch die Geschäfte mit den Stuttgarter Firmen lagen brach. Offensichtlich »ging Egger auf Betrug aus«. Denn die Handschriftenanalyse des vom Banker Adam Köhler in Zweifel gezogenen Schriftstücks ergab: »Der Brief vom 3. November ist offensichtlich gefälscht, vergl. hiezu die Unterschrift des Köhler auf dem Brief vom 29. Juli 1919. In den Besitz eines Briefbogens der *Firma Köhler & Co.* zu kommen, war für Egger nicht schwierig.«

Ein Sumpf von Scheingeschäften, Schiebereien und Betrug. Ermittelt wird, daß Eggers Geschäftspartner sowohl in Stuttgart wie Berlin tatsächlich die Wahrheit sagen, auch werden ihre Alibis bestätigt. Für diesbezüglich weitere Recherchen sieht die Polizei keinen Ansatz, soweit sich nicht neue Verdachtsmomente ergeben. Richard Ady, Vermieter, Kompagnon, Geliebter gerät ins Visier und kann sämtliche Zweifel widerlegen. Die Ermittlungen im Falle † *Theodor Egger* stecken fest. Die Akte wird als ungeklärt ins Polizeiarchiv gegeben.

Vergessen ist die Sache damit nicht. So steht am 9. Juli 1920 unter der Schlagzeile *Eine dunkle Geschichte* in der Abendzeitung: »Ein Beobachter hat bei der Kriminalpolizei angezeigt, daß er, als er sich am 8. d. M. in der Nähe des Hauptbahnhofes befand, unbemerkt die Unterhaltung zweier Männer belauscht habe, aus der zu schließen war, daß sie an einem Verbrechen – vielleicht einem Morde – beteiligt gewesen sind. Sie haben u. a. auch von einer Uhr mit Kette gesprochen, daß diese fort sei, und daß sie wegen der für sie bestehenden Gefahr nicht vom Hauptbahnhofe, sondern von Wahren aus wegfahren wollten. Einer der beiden, der von dem anderen mit ›Meyer‹ angeredet worden ist, hat erklärt, daß er sich von nun an ›Karl Berger‹ nennen werde, und daß er Koch auf einem holländischen Schiffe sei. Dieser Mann soll etwa 1,65 Meter groß, untersetzt sein und volles gesundfarbiges Gesicht sowie ein kleines dunkles Schnurrbärtchen haben; er soll 30–35 Jahre alt und mit dunkelbraunem Jackettanzug, weißem Sehkragen, rotgewürfeltem Selbstbinder und grauer Reisemütze bekleidet gewesen sein. Der andere wird als etwa 30 Jahre alt, ungefähr 1,60–1,65 Meter groß und ebenfalls untersetzt mit vollem gesundfarbigen Gesicht und kleinem Schnurrbärtchen beschrieben. Er soll blaugrauen Jackettanzug, Stehkragen, dunklen Selbstbinder und eine blaue Reisemütze getragen haben. Angaben zu dieser Sache erbittet schnellstens die Kriminalpolizei.«

Wie so viele: Die Spur führt ins Nichts.

Im November 1920 erscheint eine besorgte Bürgerin auf dem Polizeiamt und läßt sich zunächst versichern, daß ihr Name nie genannt wird, wenn sie ihr Wissen, ihren Verdacht den Ermittlern nunmehr mitteilt. Ihr Schwager, Paul Vogel, ein Mann von zweifelhaftem Ruf, sitzt zur Zeit im Gefängnis Hoheneck wegen Diebstahls und geringerer Vergehen. Jedoch habe er sich in schwacher Minute vor ihr gebrüstet, einiges über den Mord an der *Heiligen Brücke* zu wissen. Die Zeugin vermute, sagte sie, daß er vom Morde an Theodor Egger nicht nur wisse, sondern an ihm beteiligt war. Der Bruder eines Freundes ihres Schwagers sei mit dem Toten bekannt gewesen: Artur Lasch. Und so habe dieser Artur stets erzählt, daß besagter Egger finanziell gut stehe und stets eine große Summe Bargeld bei sich habe. Daraufhin nun haben Otto Lasch und jener Artur im Schützenverein Gohlis mit ihrem Schwager Paul Vogel beschlossen, den Egger zu berauben und dabei umzubringen. Den jungen Männern mangelt's ja immer am Geld, was Diebstähle, Erpressung, Raub beweisen. Und Paul Vogel sitzt schon in Haft. Ja, aber nichts Genaues wisse sie nicht, aber sie wollte, weil doch der Paul so geredet habe …

Die Akte † *Theodor Egger* wird aus dem Archiv geholt, und tatsächlich findet sich der Name Lasch, Artur (22) im Protokoll. Eine Beziehung war dem jungen Mann mit Egger nachgesagt worden. Lasch bestritt mehr oder weniger, andere Verdachtsmomente waren ihm nicht nachzuweisen. So blieb er Name und wurde nicht Verdächtiger.

Erkundigungen lassen wissen, daß Mutter Lasch mit ihren Söhnen unzufrieden. Eine Pistole hätten sie besessen, und solche wollte Mutter Lasch nicht in ihrem Hause haben. So haben die Söhne die Waffe verkauft an einen Mann aus Elberfeld. Am 30. November 1920 erscheint auf der dortigen Polizeidienststelle »auf Ladung der Arbeiter Wilhelm Bruchhaus, geb. 14.11.82, hier, Weißenburger Straße 25 wohnhaft und erklärt: ›Ich wohnte von Ende Juni bis Anfang August ds. Jrs. bei Lasch. Als ich von dort fortzog, um mich nach Elberfeld zu begeben, gab mir Frau Lasch eine Browningpistole Modell Dreyse, großen Formats und äußerte dabei, ich solle das Ding mitnehmen, damit es aus dem Hause komme. Ich brachte sie nach Elberfeld mit und habe sie hier gleich nach meiner Ankunft an Georg Schüler, hier, Cöner Straße 60 a wohnhaft, für 25,– Mk verkauft. Den Ursprung der Pistole kenne ich nicht. Mir ist auch nicht bekannt, daß eine strafbare Handlung damit begangen ist.«

Wilhelm Bruchhaus' Freund Georg Schüler bestätigt den Kauf. »Die Pistole habe ich bei der allgemeinen Waffenabgabe im September ds. Jrs., ich glaube, es war am 18., hier abgegeben. Ich bekam 50,– Mk. dafür. Was es für ein Modell war, weiß ich heute nicht mehr.‹«

Die besagte Waffe ist nicht mehr aufzufinden. Aber ein Browning Modell Dreyse paßt zu den Spuren an Eggers Leiche. Hausdurchsuchungen bei den Gebrüdern Lasch und Paul Vogel folgen. Tatsächlich entdeckt man in Vogels Schrank eine blutige Unterhose. Ob sie aus der Tatnacht stammt, bleibt unbewiesen. Die Verdächtigen werden verhaftet. Ihr Signalement gleicht den am Tattag gesehenen Personen: So »sind in der Mordnacht erst kurz nach ¼ 11 Uhr in der Nähe der *Heiligen Brücke*, alsbald danach an der Haltestelle der Straßenbahn Ecke Plagwitzer und Moschelesstraße (vor der Wohnung Eggers) und dann gegen ½ 11 Uhr wieder an der *Heiligen Brücke*, unmittelbar neben der Trinkhalle zwei bzw. drei Männer gesehen worden, die ungefähr übereinstimmend von allen Zeugen wie folgt beschrieben werden: Etwa 1,65 – 1,72 Meter groß, der eine mit dunklem Schnurrbart, ein anderer bartlos, zwei mit sog. Einheits-Militärmänteln mit breitem grünlichen Tuchkragen und dunklen weichen Hüten, der dritte, der etwas kleiner als die beiden anderen war, nur mit dunklem Jackettanzug – ohne Mantel – und mit dunkler Sportmütze bekleidet. Es muß mit großer Wahrscheinlichkeit angenommen werden, daß diese Personen oder doch eine von ihnen als Täter in Frage kommen.« Die Verdächtigen kommen in Frage und gestehen unter der Indizienlast.

An Mutter Egger im Schweizerstädtchen Kerns kann das Leipziger Polizeiamt nunmehr schreiben, »daß die Mörder Ihres Sohnes ermittelt und festgenommen worden sind. Aufgrund einer Mitteilung aus dem Publikum wurde die Kriminalabteilung auf Personen aufmerksam gemacht, die der Polizei schon bekannt waren. Durch schnelles Zugreifen war es möglich, drei Personen festzunehmen und sie zu einem Geständnis zu bringen.

Als Anstifter gilt ein 22 jähriger Arbeiter Artur Lasch, der mit ihrem Sohne vorher in freundschaftlichen Beziehungen stand.

Der Täter ist der 29 jährige Arbeiter Paul Vogel (geb. 5. Juli 1891).

Der Mittäter der 27 jährige Arbeiter Otto Lasch.

Ihr Sohn ist am fraglichen Abend von seiner Wohnung von Otto Lasch angesprochen und nach der Brücke gelockt worden. Dort hat ihn Vogel niedergeschossen, beide haben dann Ihren Sohn beraubt.« Nach den gestohlenen Schmuckgegenständen fahndet man weiter. Die von den Tätern benannten Aufkäufer können sich nicht erinnern.

Kurze Zeit darauf berichtet man *Aus den Gerichtssälen:* »Wegen schweren Raubmordes und versuchten Totschlags hatten sich vor den Leipziger Geschworenen zu verantworten der 27 Jahre alte Arbeiter Otto Robert Lasch, der 29 jährige Arbeiter Otto Paul Vogel und der 22 jährige Arbeiter Artur Karl Hermann Lasch, sämtlich aus Leipzig. Die Angeklagten Vogel und Lasch waren beschuldigt, im Dezember 1919 den 25 jährigen Kaufmann Theodor Egger aus Kerns in der Schweiz, der sich in der Moschelesstraße in Leipzig eingemietet hatte, unter einem Vorwand nach der *Heil. Brükke* gelockt zu haben, wo ihm Vogel eine Kugel durch den Kopf geschossen hat. Dann haben die beiden Verbrecher ihr Opfer hinter die Trinkhalle geschleift und es dort ausgeraubt. In ihrer Hoffnung auf eine große Barsumme haben sie sich aber getäuscht gesehen. In Eggers Brieftasche befanden sich nur 400 M. Das Urteil lautete gegen Otto Lasch wegen Mordes auf Todesstrafe u. 10 Jahre Zuchthaus, gegen Vogel wegen Mordes auf Todesstrafe, Artur Lasch wurde freigesprochen.«

Doch weiterhin beschäftigen Lasch und Vogel die Sicherheitsdienste des sächsischen Staates. Aus dem Gefängnis Hoheneck wird am 22. April 1921 gemeldet: Es ging hier von einer Vertrauensperson ein Bericht ein, der u. a. folgenden Punkt enthielt. Lasch und Vogel. Diese beiden Verurteilten sollen befreit werden. Man will ihnen zur Flucht verhelfen. Die Frauen sollen ihnen Sägen zustecken, die Grosse liefert. Lasch liegt jedenfalls im Souterrain, in der Nähe der Zelle befindet sich ein Blitzableiter. Daran soll er sich herablassen. Er wird zu bestimmter Zeit von seinen Befreiern erwartet. Tag noch nicht festgelegt, wird noch bekannt gegeben. Es wäre von großem Vorteil, wenn die Sägen ausgehändigt werden würden, um L und V. dann beim Arbeiten zu erwischen. Ferner sollen L. und V. noch zwei Zigarren zugesteckt erhalten, die beim Ausbruch angesteckt, durch Detonation Verwirrung schaffen sollen.«

Eine gute Geschichte. Das Erzgebirge ist die Heimat von Karl May, vom Stülpner Karl, und Winnetou schoß auch auf der Felsenbühne der Greifensteine, wo *Die Götter ihre Partys feiern*.

Die geplante Flucht ist weder Lasch noch Paul Vogel gelungen. Doch wurde ihnen die Todesstrafe in lebenslänglich Zuchthaus gewandelt. Nach fünfzehn Jahren stellt Paul Vogel erstmals den Antrag auf Erlassung seiner noch zu verbüßenden Gefängnisstrafe. Staatliche Organe prüfen. Der Sachbearbeiter notiert am 12. Mai 1936: »Ich habe die hier wohnhaften Verwandten und Angehörigen des Vogel an Amtsstelle geladen. Die Eltern des Vogel leben noch, allerdings in dürftigen Verhältnissen. Seine Ehefrau lebt in der Scheidung und will sich anderweit verheiraten. Kinder hat Vogel keine. Hier in Leipzig leben ein Bruder und zwei verheiratete Schwestern von ihm.

Seine Ehefrau hat gegen seine Entlassung nichts einzuwenden. Allerdings will sie nicht für ihn eintreten. Dahingegen haben mir seine Eltern und Geschwister versichert, daß sie jederzeit für ihn eintreten und ihm auch Unterkunft gewähren würden, falls er entlassen werden sollte.«

Doch setzt man nur Tage später fort: »Die mit Vorsicht aufgenommenen weiteren Erörterungen haben ergeben, daß Vogel kaum auf eine geeignete Arbeitsstelle rechnen kann. Kein Arbeitgeber würde ihn in Arbeit nehmen, wenn er von dem Vorleben des Vogel Kenntnis erhält. Es kann aber auch keinem Arbeitgeber zugemutet werden, den Vogel in Arbeit zu nehmen, ohne vom Vorleben Kenntnis zu erhalten. Es bliebe Vogel nur übrig, dauernd der Fürsorge zur Last zu fallen oder als Händler oder Hausierer zu gehen, falls er hierzu einen Gewerbeschein bekommen sollte.

Bei der Bevölkerung würde die Entlassung Vogels berechtigten Anstoß erregen. Da man heutigen Tags dem Verbrechertum besonders scharf zu Leibe rückt, würde es kein rechtschaffener Mensch verstehen, wie man einen Raubmörder, der in der Jetztzeit die Todesstrafe erlitten hätte, nach so kurzer Strafdauer entlassen konnte. Es ist auch kaum anzunehmen, daß sich Vogel in Anbetracht seines Vorlebens dauernd gut führen wird, falls er sich wieder auf freiem Fuß befinden sollte.

Eine Entlassung Vogels kann keineswegs befürwortet werden. Sollte sie wider Erwarten doch erfolgen, so muß Vogel damit rechnen, daß er sofort in pol. Vorbeugungshaft genommen wird, weil die Sicherung der Volksgemeinschaft gegen Menschen dieser Art durch polizeiliche Überwachungsmaßnahmen nicht gewährleistet ist.«

Oberstaatsanwalt befürwortet nicht. Die Zeiten haben sich geändert. Die Nazi-Diktatur urteilt nach härteren Gesetzen. Zum gesunden Volkskörper kann ein Raubmörder niemals gehören. Deshalb wird auch das fünf Jahre später erfolgte Ersuchen Vogels auf Begnadigung abschlägig beschieden. »Gegen einen weiteren Gnadenerweis Vogels, der eine Rückkehr in die Freiheit ermöglichte, bestehen hier grundsätzlich die größten Bedenken. Zweifellos handelt es sich in Vogel um einen Gewohnheitsverbrecher. Er wurde vor der Verurteilung wegen Raubmordes bereits zweimal wegen Eigentumsdelikten bestraft. Es ist sogar mit erheblicher Belastung zu rechnen, denn wie hier bekannt ist, wurde auch sein Bruder Oskar Max von 1917 bis 1928 dreimal bestraft. Mit einer 20jährigen Freiheitsentziehung ist die Neigung Vogels zu Gewalttaten nicht beseitigt. Die im Falle einer Entlassung Vogels gegebene Möglichkeit der Fortpflanzung ist ebenfalls unerwünscht.

Vogel hat sich durch seine Mordtat selbst aus der menschlichen Gesellschaft ausgeschlossen. Es läßt sich durch nichts begründen, ihn wieder in diese zurückkehren zu lassen. Die

Kriegszeit aber, die viele Maßnahmen gegen weniger schwere Verbrecher notwendig machte, um ihnen die Ausnützung der Kriegsmaßnahmen zu Straftaten unmöglich zu machen, ist für eine Rückkehr Vogels ganz ungeeignet.

Die jetzigen Urteile der Gerichte bei ähnlichen Straftaten entsprechen dem gesunden Volksempfinden und lassen durch die Auslöschung des Lebens eine Rückkehr derartiger Verbrecher in die Volksgemeinschaft nicht mehr zu. Umso unverständlicher würde die Allgemeinheit der Rückkehr eines dem Tode geweihten Verbrechers wie Vogel, dem bereits durch einen Gnadenakt das Leben erhalten blieb, gegenüberstehen. Es wird kaum jemanden geben, der gewillt ist, in seinem Berufs- oder Privatleben mit Vogel Gemeinschaft zu schließen. Vogel würde und müßte sich vielmehr im Falle seiner Entlassung auch weiterhin als aus der Volksgemeinschaft ausgeschlossen betrachten und damit wäre die Gefahr für weitere Straftaten nur noch größer.«

Und so hatte es sich 1919 begeben, daß sich in der großen Handelsstadt Leipzig drei Mörder zum Raube verabredeten und sich dafür hinaus aus dem Stadtzentrum hin zu den Wiesen nahe der Elster begaben. Ein gespenstischer Haufen. Die Waffen der Mordbuben blitzten im Mondschein. Dann stieg ihr Opfer aus der haltenden Straßenbahn guter Dinge und in Vorfreude auf Schlaf. Doch da hallte ein Schuß durch die nächtlichen Straßen. Dem jungen Manne nahmen die feigen Mörder Geld, Schmuck, das Leben. Dann flohen sie weg in die Nacht. Erst am nächsten Morgen fand man die Leiche liegend im eigenen Blut. Aber trotz all ihrer Heimlichkeit und der Finsternis sprach sich die Kunde der Greuel und ihr Abbild alsbald herum. Die Flußquerung, wo der hinterhältige Mord an Theodor Egger begangen, nannte man die Heilige Brücke.

Platz für 1.000 Dinge

Endpunkt einer Wohnraumlenkung

LVZ 18. 3. 1976 / EB: »Bis zum 30. April 1992 Wohnungseinheiten durch Neubau zu errichten – diese Aufgabe beschloß die Stadtdelegiertenkonferenz unserer Partei vor drei Wochen. Konkrete Verpflichtungen, wie die Leipziger Bauarbeiter diese Zielstellung verwirklichen wollen, liegen auf dem Tisch. Sie sind ein würdiger Beitrag der Baubetriebe Leipzigs in Vorbereitung der Bezirksdelegiertenkonferenz und des IX. Parteitags des SED. Das Kollektiv Scholz im VTK will beispielsweise bis zum IX. Parteitag drei Tage Planvorsprung erkämpfen.«

Die DDR besaß nicht genügend Wohnraum, der allen Bürgern hätte ein Zuhause geben können. Das Wohnungsbauprogramm der SED versprach nicht nur *jedem eine Wohnung,* sondern *jedem seine Wohnung.* Erich Honecker sang mit der Jugend des Landes *Bau auf! Freie Deutsche Jugend, bau auf!* und hatte 1971 auf dem VIII. Parteitag der SED das Wohnungsbauprogramm initiiert. 1976 meinte man: »Die populäre Losung *Bauen geht alle an!* ist und bleibt nach wie vor gültig, sie gewinnt immer mehr an Bedeutung. Die Werktätigen in den Baukombinaten und -betrieben leisten für die Realisierung unseres Wohnungsbauprogramms den größten Anteil. Jetzt kommt es mehr denn je darauf an, alle Kräfte auf die Produktivitätsentwicklung durch zielgerichtete Intensivierung zu lenken. Vorrangiger Platz sollte dabei den Aufgaben aus dem *Plan Wissenschaft und Technik* eingeräumt werden. Für die quantitative Leistungsentwicklung ist es jetzt bedeutsam, effektive technologische Lösungen einzuführen, hochleistungsfähige Baumaschinen und -aggregate sowie die Arbeitszeit besser zu nutzen und die produktionsvorbereitenden Bereiche zu stabilisieren. Gerade hier muß der Einfluß von Wissenschaft und Technik, die wirkungsvolle Rationalisierung erhöht werden.« Man tat, was man konnte und die Produktionsmittel zuließen. Plattenbausiedlungen entstanden auf grüner Wiese. Innenstädte verfielen. *Ruinen schaffen ohne Waffen,* sagte der Volksmund:

»Wohnungssuchende Bürger der DDR wenden sich an die Abteilung Wohnungswesen beim Rat der Gemeinde bzw. des Kreises. Sie werden hier vorgemerkt und erhalten nach Dringlichkeit bzw. in der Reihenfolge der einlaufenden Anträge Wohnraum zugewiesen. Angehörige der Intelligenz und kinderreiche Familien werden dabei bevorzugt.« Zu den Sprechzeiten der Wohnungsämter überfüllten sich in Regelmäße die Gänge mit hunderten von Wohnungssuchenden, ihren Partnern, Müttern, Kindern und Kinderwagen. *Schuldig* nannte Rolf Römer 1978 seinen *Polizeiruf 110* zum Thema. Heldin Eva Rickelmann »artikuliert in einem großen Auftritt im Wohnungsamt den Unmut vieler DDR-Bürger, die jahrelang auf angemessenen Wohnraum warten und noch lange Zeit nach der Trennung oder Scheidung vom bisherigen Lebenspartner mit diesem in zumeist bedrückender räumlicher Enge zusammenleben mußten«. Der Problemfilm verschwand nach der Erstausstrahlung im sozialistischen Zensurschrank. Der Staat *schuldig* am folgenden Verbrechen? »Der muß mich wohl erst erschlagen oder ein Ohr abschneiden oder erstechen, aber dann nutzt mir eine eigene Wohnung nichts mehr!«

»Größere volkseigene und ihnen gleichgestellte Betriebe erhalten ein bestimmtes Kontingent des freien bzw. neuerbauten Wohnraums von den jeweiligen Räten der Gemeinde bzw. des Kreises zugewiesen. Die Wohnungen werden dann von der Betriebswohnungskommission an die wohnungssuchenden Arbeiter und Angestellten des Betriebes vergeben.« Keine Frage: Gute Genossen wurden bevorzugt. Viele der anderen mußten in unwürdigen Zuständen hausen: bröckelnder Putz, Schimmel, Zecken, Klo halbe Treppe. Wer Wohnungsleerstand entdeckte, konnte u.U. einziehen, ausbauen, es sich wohnlich machen. Alleinstehende fanden schwer geeignete vier Wände. Sie paßten nicht recht zur SED-Wohnungs- und Familienpolitik. »Kommen Sie wieder, wenn Sie verheiratet sind oder schwanger!« Nesthocker waren aus diesen Gründen üblich. Betroffene nicht glücklich.

Wenn *unsere Bürger* Zimmer, Küche, Bad zugewiesen und dafür den Schlüssel erhalten hatten, »war das ein Sechser im Lotto!«. Dann empfahl ihnen eine *Wohnraumfibel*: »Wir sind soweit, die eigene Wohnung so einzurichten, daß sie allen praktischen Bedürfnissen der Familie im Rahmen der gegebenen Möglichkeiten gerecht wird, daß sich alle einzelnen Bereiche übersichtlich dem Ganzen einfügen, daß nirgends das Gefühl der Beengtheit entstehen kann, sondern überall genügend Bewegungsfreiheit, und da, wo es nötig ist, sogar eine gewisse Weiträumigkeit gewahrt bleibt, daß sie schließlich in der Anordnung aller Teile und in der farblichen Abstimmung ein harmonisches und gefälliges Bild ergibt, all das verlangt außer langer und gründlicher Überlegung und zielbewußter Planung ein gutes Maß echter schöpferischer Arbeit. All die fertiggekauften und selbst hergestellten Gegenstände, von Möbeln, bis zu den Bildern, sind für den, der sie zum Rahmen seines häuslichen Lebens machen will, ebenso viele Bausteine, aus denen er ein Abbild seiner selbst, seiner Familie, seiner Neigung und seines Geschmacks formt. Es wird zugleich zum Abbild der Gesellschaft werden, in der er lebt und die ihn geformt hat. Die Mühe, die er an dieses Unternehmen gewendet hat, wird ihm vielfach vergolten, denn ihr Ergebnis – seine Wohnung – strahlt auf ihn zurück. Sie trägt dazu bei, ihm und den Seinen das Leben schön und angenehm zu machen. Sie gibt ihm Ruhe und Sammlung und verleiht ihm damit Kraft und Sicherheit, die er braucht, um sie täglich aufs neue einzusetzen beim Bau unserer gemeinsamen großen Wohnung, unserer sozialistischen Heimat, der Deutschen Demokratischen Republik, um das Leben friedlich und glücklich zu gestalten.«

Das Interieur, das diese *Wohnraumfibel* pries, war weitestgehend Utopie. »Die entwickelten An- und Aufbausätze, Schrank- und Regalkombinationen mit oder ohne Leiterseiten ermöglichen eine rationelle und ganz den Bedürfnissen angepaßte Zusammenstellung der notwendigen Behältnismöbel im Wohnraum. In mancher Familie sind viel Tischwäsche und Gläser vorhanden. Woanders beansprucht zum Beispiel das Photohobby beträchtlichen Platz. Mancher sammelt Schallplatten, der andere Bücher. So vielfältig die Bedürfnisse sind, so vielfältig sind auch die Kombinationsmöglichkeiten solcher Anbaumöbel.« Die Photos zeigten gemütliches Ambiente. Doch oft bekamen *unsere Bürger* im staatlichen Handel nicht das Angepriesene, wenn sie es benötigten: Tiefkühltruhe, Schrankwand, Couch, Klobrille. Manchmal gar Nagel und Farben. Mangelwirtschaft und -verwaltung.

Der Staatsführung war die Misere durchaus bewußt. Sie initiierte die Kampagne der *1.000 kleinen Dinge.* Damit sollte der chronische Mangel an Konsumgütern in der DDR behoben werden. »Es war im Juli 1959, als Bruno Leuschner, Vorsitzender der Staatlichen Plankommission, den Wirtschaftsräten der Bezirke schrieb, es sei an der Zeit, Haushaltsscheren, Nägel, Knöpfe und Töpfe – kurz die *1.000 kleinen Dinge,* die im Alltag unentbehrlich sind – endlich in ausreichender Menge herzustellen.« Begleitend zu diesem Beschaffungsprogramm entstanden republikweit Läden eines Namens: *Haus der 1.000 Dinge.* In Leipzig wurden sie

Petersstraße 28 verkauft. Vom historischen Gebäude standen nur noch Teile: im Erdgeschoß – Verkaufsraum, 1. Stock – Büros, zum Hofe gab es Wohnungen. In Nachwendezeiten riß man die noch stehenden Mauern ab und baute mit Beton und Glas an dieser Stelle ein neues Warenhaus.

Leipzig, März 1976. Die Stadt brodelt. Frühjahrsmesse. Repräsentanten der Partei- und Staatsführung quälten sich durch sozialistisch vorzeigbare Industrie und schüttelten die Hände des Klassenfeindes. Entspannungspolitik. Die Straßen voll wie Imbißstände. »Rund 500.000 Bockwürste aus der *Konsum-Fleischerei Leipzig* wurden an den Messetagen von den Besuchern der Handelsmetropole verzehrt. Diese Menge entspricht aneinandergereiht der Entfernung Magdeburg – Halle.« Dazu gab's noch 130.000 Rostbratwürste und 20.000 Schaschlykspieße. Plätze in gehobener Gastronomie, in Kneipen und an Theken waren rar. Lesungen, Theater, Kino. Man schaute *Der Garten der Finzi Contini*. Annekathrin Bürger entblößte sich als *Hostess* und machte damit der Defa Skandal. In andern Vorführräumen herrschte *Die Moral der Banditen*. »Längst hatte er es sich zur Lebensaufgabe gemacht, die Jungen vor dem Weg des Verbrechens zu bewahren. Die Mittel dazu waren karg, aber sein Herz war voll von dem Glauben an die neue Zeit, die alle Menschen braucht.«

Die Donnerstagnacht zum 19. März. »In der Leipziger Hauptfeuerwache am Dittrichring flaute die hektische Betriebsamkeit des Tages nach Mitternacht ab. Wenn die Großstadt zur Ruhe kam, wurde es auch für die Leitstelle, in der sämtliche Fäden des städtischen Notrufnetzes 112 zusammenliefen, ruhiger. Um 1:10 Uhr forderte die Verkehrspolizei einen Rettungswagen zu einem Autounfall auf der Merseburger Landstraße an. Die Leitstelle erteilte den Einsatzbefehl für den Ausrückdienst der Feuerwache West.

Um 2:38 Uhr gab es einen Unfall mit einem Betrunkenen. Wieder rückte eine Rettungsmannschaft aus. Danach schien es, als sollte in dieser Nacht nichts Besonderes mehr passieren. Doch um 3:45 Uhr flackerte die rote Kontrolllampe am Kommandopult erneut auf. *Hier Feuerwehrnotruf. Wer ist dort bitte?* Heftige Atemzüge. Dann eine männliche Stimme: *Ich bin in der Petersstraße. Im Warenhaus neben dem Kino brennt's. Menschenleben in Gefahr!*«

Alarm! Zwei Tanklöschzüge mit Gruppenfahrzeug und Rettungswagen rücken aus. Im Haus Petersstraße 28 hatte das Feuer »sich über den gesamten Keller ausgebreitet. Aus allen Lagerräumen, bestückt mit elektrischen Großgeräten, Emaillierwaren, Spielsachen, Obstkörben aus lackiertem Maisstroh, Paletten mit flüssigem Bohnerwachs und chemischen Haushaltreinigern, schlugen die Flammen.« Bewohner wurden mit Drehleitern gerettet. Die Feuerwehrleute zogen mit Schutzanzug und Atemmaske zum Einsatz ins Gemäuer. »Um 3:54 Uhr traten die Löschtrupps zum Innenangriff auf das Kellergeschoß an. Leistungsstarke Kreiselpumpen drückten das Wasser aus sechs Stahlrohren gegen die sengende Flammenhitze.«

Entdeckt hatte das Feuer ein Pärchen, das in früher Morgenstunde zum Bahnhof wollte. Sie hatten den im Haus wohnenden Hausmeister aus dem Bett geklingelt. Der junge Mann lief zum Notrufmelder. Das Mädchen alarmierte die Bewohner. Hausmeister Rudolf P. aus dem Erdgeschoß begann mit Löscharbeiten. Über die Brandursache können die Zeugen wenig sagen: Die jungen Leute hatten Rudolf P. zugerufen, »daß sie Feuerschein und Rauch hinter der Dekoration des Warenhauses bemerkt hätten. Dort gibt es einen Fahrstuhl zum Zwischenlager. Im Gang, der zwischen Treppenhaus und separatem Eingang für das Kaufhauspersonal liegt, hatte ich ebenfalls Rauch entdeckt. Ich rannte in den Hinterhof des Gebäudes. Von dort kann man in den Keller sehen, wo sich das Hauptlager befindet. Überall war Feuer.« Und auf die Frage der Ermittler, ob ihm Verdächtiges aufgefallen sei, fällt dem Hausmeister ein: »Im Hof gibt es eine Tür zum Sporergäßchen. Ich habe geklinkt, und die Tür war nicht verschlossen. Dabei bin ich sicher, daß ich sie bei meinem letzten Rundgang gegen 21 Uhr verriegelt habe.«

Das Gebäude war gelöscht. Gutachter bezifferten den entstandenen Schaden auf gut eine Million Mark der DDR. »Das Grundstück, das sich in treuhänderischer Verwaltung der Stadt Leipzig befand, war Eigentum des amerikanischen *Woolworth*-Konzerns. Ausländisches Kapital also, was der Branduntersuchung zu besonderer Priorität verhalf.«

Die Branduntersuchungskommission BUK stellt alsbald fest: »Zwar waren verschiedene Leitungskabel an den Kellerwänden zerstört, Isolierungen an einigen Stellen verschmort, aber Schmelzperlen an den Kabeln, die charakteristischen Hinweise für einen Kurzschluß, waren nicht zu finden. Das Feuer breitete sich von drei, nicht miteinander in Verbindung stehenden Stellen gleichzeitig aus. Brandherd eins lag im sogenannten hinteren Lager, Brandherd zwei in der Plasteabteilung und der dritte Brandherd auf dem Betonboden des Schreibwarenlagers.« Dabei bleibt es nicht. Im Büro des stellvertretenden Betriebsleiters war der Stahlschrank erbrochen. Die in ihm lagernden Geldkassetten leer. Darin deponierten die Verkaufsabteilungen ihren Tagesumsatz nach 16 Uhr, wenn der Kassentransport schon zur Bank unterwegs. Geschätzter Verlust: 13.000 bis 15.000 MDN. »Mit ziemlicher Sicherheit können wir davon ausgehen, daß das Feuer vorsätzlich gelegt wurde. Der Brand sollte einen Einbruchdiebstahl verschleiern. Mutmaßliche Tatzeit: nach 1 Uhr und vor 3:30 Uhr früh. Die Genossen der Feuerwehr, die das Brandobjekt als erste betraten, fanden sämtliche Zugänge unverschlossen, obwohl mehrere Türen wie z. B. am Fahrstuhlschacht mit zusätzlichen Eisengittern versehen waren. Die Objektleiterin bestätigte, daß der Schlüsselkasten in ihrem Vorzimmer leer war. Diese wurden vom Täter entwendet. Der Hauptschlüssel wurde wie jeden Abend beim Betriebsschutz im gegenüberliegenden Centrum-Warenhaus hinterlegt.« Der Kreis der Verdächtigen ist einzugrenzen: Angestellte vom *Haus der 1.000 Dinge,* Mieter der Petersstraße 28, deren Angehörige und weitere Personen, die mit den Örtlichkeiten vertraut. Das allerdings sind sämtliche Zulieferer, auch Kunden. Die Namenslisten sind lang. Treppauf, treppab für die Ermittler. Kärrnerarbeit.

Die *Leipziger Volkszeitung* meldet am Samstag, zwei Tage später: »Kellerbrand – Aus bisher noch ungeklärter Ursache kam es in den frühen Morgenstunden des gestrigen Freitag in der Petersstraße 28 zu einem Kellerbrand. Durch starke Rauchentwicklung wurden die Löscharbeiten beeinträchtigt. Allen Einsatzkräften gilt für die aufopferungsvolle Arbeit Dank.« Zur polizeilichen Arbeit sagt sie nichts.

Ein Verdächtiger ist bald gefunden: Otto W. »Seit 41 Jahren war ihm das Haus in der Leipziger Petersstraße vertraut. Als W. 1935 die ersten beruflichen Erfahrungen als Handelskaufmann in dem Warenhaus sammeln durfte, hatte es noch zum *Woolworth*-Konzern gehört. Voller Tatkraft war er zehn Jahre später beim Wiederaufbau des Hauses gewesen. Und er war auch 1948 geblieben, als die staatliche Handelsorganisation in der Sowjetischen Besatzungszone das Gebäude in der Petersstraße übernahm. Fast alle leitenden Mitarbeiter des *Woolworth*-Hauses waren damals in den Westen gegangen. Otto W. hatte eine Stelle in der Verwaltung angenommen, und als die HO die neue Fachverkaufsstelle für Industriewaren unter der Bezeichnung *Haus der 1.000 Dinge* in der Petersstraße 28 eröffnete, war er als Stellvertretender Objektleiter eingesetzt worden. Mehrfach hatten die Chefs des Warenhauses im Laufe der Jahre gewechselt, W. hatte man nie mehr ans Ruder gelassen, doch er machte all seinen Einfluß geltend, damit das Haus in bester Tradition fortgeführt wurde.« Nunmehr war Karin Z. zur Chefin berufen worden: 32 Jahre jung, dunkelhaarig, gutaussehend. Ein Machtkampf entbrannte. »Sie wissen, daß Sie durch Ihre ablehnende Haltung mir gegenüber die Widerspenstigkeit in der Belegschaft geschürt haben. Solche Unruhe ist von mir nicht zu dulden!« Karin Z. zog die Konsequenz und ließ den Altgedienten Otto W. in die Filiale Lindenau versetzen. Auch Otto W.s sogenanntes *Firmenarchiv* im Keller ließ sie räumen und setzte eine Zweimonatsfrist. »Für ein sozialistisches Handelsunternehmen sind diese Unterlagen wertlos.« Legte Otto W. aus Rache diesen Brand? Denn die Versetzung hatte ihn »schlagartig zu einem alten Mann gemacht«.

Weitere Tatmotive ergeben sich, als die Revision der Buchhaltung des Warenhauses über Jahre stete Verluste ausweist: »Im ersten Jahr 1970 betrug der Umsatz 4,1 Millionen mit einem Manko von 15.236 MDN. Im Jahr darauf 6,1, Millionen Umsatz mit einer Differenz von 19.700 MDN. Im April 1974 bei einem Umsatz von 8,7 Millionen MDN eine Summe von 93.832 MDN. Im Januar 1975 knapp 6,5 Millionen MDN mit einem erneutem Manko von 44.202 MDN. Im September 1975, als die neue Chefin übernahm, wurden im Rahmen der Übergabeinventur schon wieder 35.195 MDN als Fehlbetrag bei einem Umsatz von 5,2 Millionen MDN verbucht.« Jeder Handelseinrichtung sind Differenzen eigen, doch diese kontinuierliche Entwicklung ist mit sozialistischem Schlendrian schlecht erklärbar und verdächtig.

Sie bringen Otto W. noch stärker ins Visier der Ermittler, denn W.s Lebenspartnerin Annemie Q. war bei *Woolworth* und ist im *Haus der 1.000 Dinge* in der Buchhaltung tätig. Sie hatte die Möglichkeit, die Abrechnungen unauffällig und jahrelang zu manipulieren. Hatten die Liebesleute gemeinsam zu Ungunsten der sozialistischen Gemeinschaft gehandelt? Daß die beiden nicht auf Linie von Partei und Staat war bekannt und in Stasi-Akten festgehalten. Westbesuch und -pakete schufen Q. und W. einen Lebensstandart, der »Mißgunst und Neid unter der Bevölkerung geradezu herausforderte«. Man vermutet, daß sie noch immer »Beziehungen zum alten Eigentümer in der BRD« besitzen und in seinem Auftrag handeln.

Bereits »im IV. Quartal 1975 hat es im Bereich des Objektes Petersstraße 28 gebrannt. Brandstelle war der Hof der Warenannahme in der Sporergasse. Zu Schaden gekommen sind dabei mehrere Paletten für Waren, ein älteres Motorrad und ein Schuppenanbau. Die Zeit der Brandlegung lag ebenfalls in der Nachtzeit. Die Brandursache wurde der Belegschaft nicht bekannt, aber unmittelbar danach wurde die elektrische Hauptleitung erneuert.«

Die Brände im Leipziger Stadtzentrum ein Resultat von Spionage und Sabotage »Bonner Ultras«? Ausgeführt vom Pärchen Otto W. und Annemie Q.? Bislang ein Verdacht, der sich nicht beweisen läßt.

Auch eigennützige Motive wären denkbar. »Die *gelernten* DDR-Bürger entwickelten Beschaffungstechniken, um außerhalb und neben dem Zuteilungssystem ihre Bedürfnisse befriedigen zu können. Knappe Waren wurden über Beziehungen *organisiert*, getauscht oder durch Aufpreise *schwarz* erworben. Um *Bückwaren* zu bekommen, die Verkäuferinnen unter dem Ladentisch für Freunde und Bekannte bereithielten, genügten manchmal schon gute Nachbarschaft und kleine Gegenleistungen.« *1.000 Dinge* bieten 1.000 Möglichkeiten der Beschaffung, Zulieferung, Abholung und Kooperation. Wußten Transporteure, was sie geladen hatten? Konnten die Verkäufer und Verkäuferinnen *Bückware* verteilen? Sie horten? Sie meistbietend an Privatkunden verkaufen? »In diesem Jahr erhielten wir einen einzigen Einweckapparat, seit einem Vierteljahr keinen Zinkeimer, in diesem Jahr noch keinen Kohleneimer und keinen Trockenrasierapparat. Einflammige Gaskocher, nach denen oft gefragt wird, gibt es überhaupt nicht.« Denn dem großen Versprechen der Partei, »es gilt, auf neue Art Handel zu treiben, das heißt, die Warenproduktion mit den Bedürfnissen der Werktätigen in Übereinstimmung zu bringen und den kürzesten Warenweg zu benutzen, die Waren kulturvoll anzubieten und schnell zu verkaufen«, standen die sozialistischen Realitäten entgegen.

Rund »80 Kandidaten aus dem Kreis der *üblichen Verdächtigen* waren auf unterschiedliche Weise überprüft«. Überwachungen angeordnet. »Im Bezirk Cottbus wurde bei der Gelegenheit eine Gruppe von Tätern festgenommen, die Betrügereien mit Tankkreditscheinen begingen. In einer mecklenburgischen Kleinstadt kam die Kriminalpolizei einer Serie von Stückgutdiebstählen im Güterkraftverkehr auf die Spur.« Zum Feueranzünder im *Haus der 1.000 Dinge* führen sie nicht.

Auch privat wird recherchiert. Diese Ermittlungen überführen manch Casanova, der in »fremden Betten nächtigt«. Hausmeister Rudolf P. liegt mit seinem Schwiegersohn im Streit. Von lautstarken Verbalattacken berichten die Bewohner Petersstraße 28. »Meine Frau wünscht sich seit langem ein Gartengrundstück mit Laube. Jetzt bot sich eine günstige Gelegenheit in Liebertwolkwitz. Das Grundstück kostet allerdings einiges. Aber wir haben nicht soviel Geld auf der hohen Kante. Deshalb bin ich zum Schwiegervater gefahren. Ich weiß, der Alte hat genügend Geld, aber ein Darlehen lehnte er rundweg ab. Wir sollen mehr sparen, wirft er uns vor, nicht dauernd mit dem Auto herumgondeln, jedes Jahr im Sommer nach Ungarn oder an die Ostseeküste in den Urlaub. Da habe ich dann doch die Wut gekriegt. Steck dir dein Geld in den Arsch, habe ich zu ihm gesagt.«

Letztlich erweist sich das Alibi von Peter N. als falsch. Denn seine Mutter kann nicht sagen, »ob der Peter in der Brandnacht zu Hause gewesen ist. Ich weiß es nicht genau.« Peter N. ist 21, »wirkt linkisch, besitzt keine Freunde, noch nie hatte ihn jemand mit einem Mädchen zusammen gesehen.

Vater unbekannt. N.s Mutter ist Sachbearbeiterin bei der HO-Verwaltung. Sie hat dafür gesorgt, daß Peter im *Haus der 1.000 Dinge* eine Stelle bekam.« Am Tage vor dem Brand war »unser Mädchen für alles« im Straßenverkauf tätig.

Peter N. sagt, »ich habe mich nicht getraut, Ihnen die Wahrheit zu sagen. Ich habe bei einem Bekannten übernachtet. Wir hatten einen gezischt. Ich war ganz schön voll. Von seiner Wohnung aus bin ich am Morgen gleich zur Arbeit gefahren.« Die Protokollanten vermerken: N. »trug Laufschuhe der Marke *Adidas,* verwaschene Jeans und ein sandfarbenes Sakko«. Ein sehr modisches, vor allem teures Outfit für einen kleinen Verkäufer.

Auch N.s »guter Freund« möchte Peters Alibi nicht bestätigen: »Er hat erst gegen 5 Uhr am Morgen bei mir geklingelt.« Andere Zeugen haben Peter N. an der Straßenbahnhaltestelle Gerichtsweg beobachtet. Die Verdachtsmomente mehren sich.

»Nachdem ich mich zum Feierabend umgezogen hatte, nahm ich meine Aktentasche, verabschiedete mich von den Kollegen und ging in das kleine Lager, wo das Toilettenpapier aufbewahrt wird, um mich zu verstecken. Um 18:30 Uhr hörte ich, wie jemand rief *Licht ist aus!*. Das war die Kontrolle, bevor alle das Kaufhaus verließen. Nachdem ich längere Zeit gewartet hatte, kam ich aus meinem Versteck und begab mich auf die Suche nach dem Tresorschlüssel. Mir war bekannt, daß der Hauptschlüssel für das Kaufhaus immer im *Centrum* abgegeben wird, aber ich dachte, daß ich den Tresorschlüssel irgendwo in einem Schlüsselkasten oder Schreibtisch finden würde. Die Suche dauerte. Zwischendurch habe ich mir im Büro Kaffee gekocht. Da mir nur ein Schlüsselbund mit der Aufschrift *Lager* in die Hände geriet, suchte ich nach einem geeigneten Werkzeug, um den Tresor aufzubrechen. Zunächst versuchte ich, mit einigen Nägeln und einer Dreikantfeile das Schloß zu öffnen. Dabei zerbrach die Feile. Später fand ich eine Säge und begann den

Bolzen in den Türscharnieren durchzusägen. Das war eine Heidenarbeit und dauerte Stunden. Mit einer anderen Feile, die ich als Hebel benutzte, habe ich dann die linke Türhälfte aus dem Rahmen gedrückt. Im Tresor lagen sieben bis acht Kassetten, an denen jeweils ein Schlüssel steckte. Um keine Fingerspuren zu hinterlassen, holte ich mir Wischtücher aus dem hinteren Lager, hob die Kassetten heraus und stopfte das Geld, das sich darin befunden hatte, in meine Aktentasche. Die leeren Kassetten stellte ich in den Schrank zurück. Dann ging ich in das kleine Hinterlager, wo die Eisentreppe ist, und setzte mit Streichhölzern ein Paket Toilettenpapier in Brand. Anschließend lief ich in die Plasteabteilung und zündete dort papierverpacktes Plastematerial an, das sehr schnell aufflammte. Im Schreibwarengang zündete ich Knüllpapier an und warf es brennend in verschiedene Warenträger. Ich blieb ungefähr eine Minute stehen, bis ich sah, daß auch wirklich alles in Flammen aufging. Durch die Türen, die ich vorher schon aufgeschlossen hatte, lief ich zum Sporergäßchen und von hier aus zum Hauptbahnhof. Mit einem Taxi fuhr ich zu meinem Bekannten und übergab ihm das Geld. Es waren 14.000 Mark. Später habe ich ihm erzählt, woher es stammte.« Der Freund wird als Mittäter verhaftet. Bereits für 6.000 Mark hat Peter N. eingekauft, um sich »mein neues Zuhause schön zu machen«.

Besitzstandsstreben war das Tatmotiv von Peter N. ausgelöst durchs Wohnungsamt. »Ende Februar oder Anfang März 1976 hatte ich die Zuweisung für meine Wohnung in der Linkelstraße erhalten. Ich hatte die Absicht, mir neue Möbel zu kaufen, aber meine finanziellen Möglichkeiten waren auf Grund meines geringen Verdienstes beschränkt. Meine Mutter half mir, aber das Geld reichte trotzdem nicht. Das war der eigentliche Anlaß, über einen Einbruch im *Haus der 1.000 Dinge* nachzudenken.«

»Das Motiv der Gründung eines Haushalts, der Wille und

die Notwendigkeit, ein eigenes Nest zu bauen, ist Jahrtausende hinweg gleichgeblieben. Der Haushalt umfaßt den Raum oder die Räume, die dem Menschen zum Schlafen, Wohnen und zur Aufbewahrung seiner persönlichen Habe dienen. Hier bereitet er seine Speisen, verbringt er große Teile seiner Freizeit, wachsen die Kinder auf. Keller, Boden und Speisekammer dienen ihm für seine Vorratswirtschaft. Der Haushalt verfügt ferner über Einrichtungen zur Erfüllung hygienischer Bedürfnisse der Menschen.

Neben den praktischen und lebensnotwendigen Anforderungen diente der Haushalt auch der Repräsentation der Familie, Anzahl der Räume und Ausstattung des Hauswesens richteten sich nach den Eigentumsverhältnissen, der Klassenzugehörigkeit, dem Geschmack und den kulturellen Bedürfnissen.

Die Anforderungen an einen Haushalt lassen sich so zusammenfassen: Der Haushalt ist eine Stätte zum Schutz gegen die Unbilden der Witterung, dient als Wohn- und Schlafraum, zum Aufbewahren und Zubereiten der Speisen und zur Erfüllung notwendiger hygienischer und kultureller Bedürfnisse. Die Haushalte aller Länder haben diesen Zweck.

Es hat Jahrhunderte währender, erbittert geführter Klassenkämpfe bedurft, ehe es der Arbeiterklasse auf dem Boden *unserer Republik* gelang, dem Menschen alle Voraussetzungen für ein *menschenwürdiges* Zuhause zu schaffen.«

Quellen

Akten des Sächsischen Staatsarchives Leipzig

Medien: u.a. *Leipziger Volkszeitung, Leipziger Tageblatt, Spiegel, Die Zeit, Wochenpost, NBI*

Christian Daniel Erhard: *Entwurf eines Gesetzbuchs über Verbrechen und Strafen für die zum Königreiche Sachsen gehörigen Staaten.* Gera/Leipzig, 1816

Julius Eberhard Hitzig/Willibald Alexis (Hg.): *Der neue Pitaval* (Neue Serie, 4. Theil). Leipzig, 1869

J. D. H. Temme (Hg.): *Criminal-Bibliothek* (Band 1). Berlin, 1870

Gustav Winter: *Koppius und die Leipziger Kriminalpolizei.* Leipzig, 1910

Eduard Engel: *Geschichte der französischen Literatur.* Leipzig, ᵃ1920

Ludwig Renn: *Nachkrieg.* Berlin, 1930

Erich Liebermann von Sonnenberg/Erich und Otto Trettin: *Kriminalfälle.* Berlin, 1934

Karl Marx/Friedrich Engels: *Manifest der Kommunistischen Partei.* Berlin, 1952

DDR. 300 Fragen. 300 Antworten. Berlin, 1958

Karl Marx: *Das Kapital.* Berlin, 1975

Peter Bergner (u. a.): *Wohnraumfibel.* Berlin, 1976

Archiv für die Geschichte des Buchwesens, Band 31. Frankfurt/M., 1988

Sebastian Haffner, Gregory Bateson u. a.: *Der Vertrag von Versailles.* Berlin, 1988

Walter Fellmann: *... doch das Messer sieht man nicht.* Leipzig, 1994

Peter Hoff: *Polizeiruf 110.* Berlin, 2001

Werner Faulstich: *Medienwandel im Industrie- und Massenzeitalter 1830–1900.* Göttingen, 2004

Eberhard Kolb: *Der Frieden von Versailles.* München, 2005

Wolfgang Mittmann/Curt Klausmann: *Die geheime K1 der DDR*. Leipzig, 2006

Udo Scheer/Joachim Ragnitz: *Die sozialistische Planwirtschaft der DDR*. Berlin, 2010

Uwe Schulte-Varendorff: *Die Hungerunruhen in Hamburg im Juni 1919*. Hamburg, 2010

Hans-Dieter Gelfert: *Charles Dickens, der Unnachahmliche*. München, 2011

www.bundeskanzlerin.de